RICHARD CRAZE UND RONI JAY

DAS
TAO
DER
KOCHKUNST

Bauer

Verlag Hermann Bauer
Freiburg im Breisgau

RICHARD CRAZE UND RONI JAY

陰陽

DAS
TAO
DER
KOCHKUNST

Die Deutsche Bibliothek – CIP-Einheitsaufnahme

Ein Titeldatensatz für diese Publikation ist bei
Der Deutschen Bibliothek erhältlich.

Die englische Originalausgabe erschien 1999 bei
Godsfield Press, Brunel House,
Newton Abbot,
Devon, TQ12 4PU, Großbritannien,
unter dem Titel *The Tao of Food*
© Text 1999 by Richard Craze & Roni Jay
© Illustrationen by Godsfield Press

Aus dem Englischen von Elisabeth Liebl
Lektorat: Martina Klose

Die Informationen in diesem Buch sind so genau wie möglich. Da unterschiedliche
Fähigkeiten, Utensilien oder Arbeitsbedingungen trotzdem zu abweichenden
Ergebnissen führen können, erklärt der Herausgeber hiermit, dass er für Verletzungen,
Verluste und andere Schäden, die durch den Gebrauch der Informationen
in diesem Buch entstehen mögen, nicht haftet.

Bildnachweis:
(o = oben)
Elizabeth Whiting & Associates S. 27, 35, 37, 40, 46, 49, 51
e.t. archive S. 8, 9o, 44, 54
Image Bank S. 2, 6, 11, 13, 18o, 25o, 28–29, 36, 38, 41, 53, 64, 95

1. Auflage 2001
ISBN 3-7626-0811-3
© für die deutsche Ausgabe 2001 by
Verlag Hermann Bauer GmbH & Co. KG, Freiburg i. Br.
www.hermann-bauer.de
Satz: Fotosatz Amann, Aichstetten
Printed in Hongkong

INHALT

Einführung

Unsere Nahrung liefert uns die Energie, die wir brauchen, um körperlich fit zu bleiben und das Leben in vollen Zügen genießen zu können. Wie das Sprichwort sagt: Wir sind, was wir essen. Was haben aber die Qualität unserer Nahrungsmittel sowie die Art, wie wir sie zubereiten, damit zu tun? Nun, in China antwortet darauf ein altes Sprichwort: »Hastig verzehrt gibt hastige Energie.« Im Westen neigt man derzeit zu einem geschäftigen Lebensstil mit unausgewogenen, schnellen Mahlzeiten. Aber können wir uns auf Dauer wirklich so ernähren?

Das Tao der Kochkunst will Ihnen zeigen, wie Sie auf entspanntere, lustvollere Weise kochen und gleichzeitig Ihre Gesundheit stärken und Ihren Energiehaushalt ankurbeln können. Es ist für Menschen geschrieben, die erkannt haben, dass das, was wir essen, unser Wohlbefinden entscheidend beeinflusst. Wenn wir alles hastig tun, wie viel Freude haben wir dann in unserem Leben? Eine gute Gesundheit unterstützt uns, unser menschliches Potenzial voll auszuleben und das zu schätzen, was uns gegeben ist.

Wir werden Wege erkunden, wie wir unsere tägliche Nahrungsaufnahme mit den Prinzipien der taoistischen Philosophie in Einklang bringen können. Wir werden die Theorie von den Fünf Elementen (die chinesische Vorstellung von wärmenden und kühlenden Nahrungsmitteln sowie ihre Bedeutung für die Entwicklung von mehr Harmonie) ebenso kennen lernen wie die Kräfte von *Yin* und *Yang*. Wir werden erfahren, welche Nahrungsmittel unser Wohlbefinden steigern und wo und wie wir am besten einkaufen. Dabei werden uns die Kriterien »Geschmack«, »Beschaffenheit« und »feinstoffliche Energie« leiten. Danach werden die »Lebens-Mittel« zubereitet, wir erfahren welche Töpfe, Küchengeräte und welche Energie wir verwenden, denn das beeinflusst das fertige Mahl genauso wie die Art, auf die wir die Nahrungsmittel anrichten und servieren. Schließlich wird uns auch noch das mit unserer Nahrung verbundene Karma beschäftigen.

Die chinesische Medizin ist mehr als 4000 Jahre alt. Ihre Grundprinzipien stammen also aus einer Zeit, in der die Menschen noch eng mit der Natur und den Jahreszeiten verbunden waren. Damals war das Leben weniger kompliziert. Die alten chinesischen Taoisten betrachteten eine gesunde Ernährung als unabdingbare Voraussetzung für die innere Entwicklung. Für sie war die Ernährung eines der fünf heiligen »Werkzeuge« des Lebens. Die anderen vier waren: Arznei, Sexualität, richtiges Atmen und ein langes Leben. Sie galten als eng miteinander verflochten.

Die Wiege der taoistischen Philosophie steht im alten China.

DER WEG DES TAO

Bevor wir uns dem, was wir essen und wie es sich auf unser Wohlbefinden auswirkt, zuwenden, wollen wir Näheres über den Taoismus und seine Entstehung erfahren.

WIR SIND, WAS WIR ESSEN

Der Taoismus ist eine alte chinesische Philosophie, die ursprünglich nur in Texten überliefert wurde. Der berühmteste ist wohl das *Tao te king* (Das Buch vom Weg und seiner Kraft). Dieses Buch entstand im 4. Jahrhundert v. Chr. und beruht auf den Lehren Laotses, eines chinesischen Philosophen aus dem 6. Jahrhundert v. Chr. Das Buch wurde erst 300 Jahre nach seinem Tod niedergeschrieben. Die Legende berichtet aber, dass Laotse im Alter von 96 Jahren beschloss, China zu verlassen. Bevor er jedoch ging, wurde er gebeten, seine Lebensphilosophie schriftlich festzuhalten. An einem einzigen Abend soll er die ca. 81 Verse geschrieben haben, die seine Gedanken über das Leben beinhalten. So zählt das *Tao te king* nur knappe 30 Seiten. Gleichwohl wurde es zum bedeutendsten Buch der chinesischen Philosophie. Obwohl es mit einer geringen Anzahl an Wörter auskommt (etwa 5000), ist seine Botschaft von solcher Tiefgründigkeit, dass die Gelehrten seit mehr als 3000 Jahren über seine wahre Bedeutung streiten.

Die Botschaft des *Tao te king* ist aber alles andere als unklar, so kann jedermann daraus Gewinn ziehen. Es geht, kurz gesagt, darum, dass es einen Weg gibt – den Weg (*tao* bedeutet »Weg« oder »Pfad«). Er ist beständig, selbst wenn alles andere im Fluss ist. Wenn wir ihm folgen, werden wir ein langes und glückliches Leben führen. Wenn wir es nicht tun, stoßen wir unweigerlich auf Probleme – körperlicher und seelischer Natur. Dieser Weg ist frei von Regeln, Vorschriften und religiösen Praktiken. Das einzige Ziel ist es, alle Widerstände aufzugeben, das Leben zu genießen und uns der Welt, die uns umgibt, völlig zu öffnen.

Wenn wir versuchen, Zwang auszuüben und das Tao nach unseren eigenen Vorstellungen zu verändern, werden unsere Bemühungen fruchtlos sein. Das *Tao te king* sagt, dass die Sonne aufgeht und aus altem Leben neues entsteht, egal was wir tun. Und doch ist das unwandelbare Tao der Weg des Wandels schlechthin. Diesen Veränderungen müssen wir uns anpassen: Im Winter müssen wir uns warm anziehen und etwas Warmes essen. Im Sommer hingegen tragen wir leichtere Kleidung und essen etwas Kühles. Diese Einfachheit ist das Herzstück des Taoismus.

Kurz gesagt, lehrt uns der Taoismus, der vor mehr als 3000 Jahren niedergeschrieben wurde, wie wir unser Wohlbefinden steigern können, ohne auf strenge und komplizierte Ernährungsvorschriften achten zu müssen. Seine Gesetze lassen sich gut in unserem Alltagsleben anwenden, wo sie unseren Atem, unsere Gesundheit, Sexualität und die Länge unseres Lebens positiv beeinflussen.

Laotse war ein chinesischer Regierungsbeamter, vielleicht ein Archivar. In den letzten Jahren seines Lebens zeichnete er seine persönliche Lebensphilosophie auf. Dieses Werk ist die Grundlage des Taoismus.

Nichts ist verborgen zwischen Himmel und Erde.

Ein frischer Pfirsich, gerade gepflückt und noch sonnenwarm, verkörpert die taoistischen Prinzipien von Frische, Einfachheit und Natürlichkeit.

Das Symbol des Pfirsichs

Der Taoist versucht, sein Leben so weit als möglich zu verlängern, um auf diese Weise unsterblich zu werden. Der Pfirsich (*Prunus persica*) verkörpert dieses Ziel. Was könnte schmackhafter sein als ein frischer, gerade gepflückter Pfirsich? Er ist noch warm von der Sonne, voller Saft und lebendigem *Ch'i* (Energie).

Wenn Sie sich dem taoistischen Ansatz des Kochens und Essens öffnen wollen, sollten Sie das Bild des Pfirsichs immer im Hinterkopf behalten. Sind Sie nämlich einmal nicht ganz sicher, ob Ihre Zutaten wirklich von guter Qualität sind, vergleichen Sie sie einfach mit einem frischen Pfirsich: Wurden sie frisch geerntet? Strahlen sie noch die wohltuende Wärme der Sonne aus?

Ch'i – die universelle Energie

Im Taoismus heißt es, dass zuerst der Himmel entstand, der für die Qualität des Geistes steht. Aus ihm wurde dann die Materie, also die Erde, geschaffen. Aus der Erde entstand der Mensch, um sich an der Schöpfung zu erfreuen. Zwischen dem Himmel und der Erde strömt ununterbrochen Energie: Ch'i. Diese universelle Energie fließt in allem – auch in uns. Die Energie des Ch'i hält uns am Leben und alles, was wir zu uns nehmen, enthält ebenfalls Ch'i. Wenn wir unsere Nahrung verdauen, versorgen wir

Industriell verarbeitete oder chemisch behandelte Lebensmittel haben nicht dieselbe Energie wie frische Nahrung. Ihre Chemikalien und Giftstoffe blockieren den Energiefluss in unserem Körper.

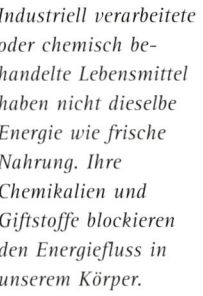

uns mit neuer, frischer Energie, die uns stärkt und belebt. Wenn wir »tote« Nahrung essen, der das Ch'i fehlt, werden wir träge und lethargisch. Tote Nahrung ist Materie, deren natürliches »Verfallsdatum« abgelaufen ist: Gemüse, das zu lange aufbewahrt wurde und zu faulen beginnt; Fleisch, das lange eingefroren war oder verdorben ist; Kuhmilch, die durch industrielle Verarbeitung ihre Frische verloren hat; Obst, das nicht direkt vom Baum stammt.

Tote Energie in toten Nahrungsmitteln vergiftet uns mit negativem Ch'i. Diese Energie wird instabil und zerstörerisch. In diesem Zustand sollte man die Nahrungsmittel besser vernichten, so dass ihre Energie wieder in die Erde zurückkehren kann. Essen sollten wir sie auf keinen Fall.

Sie können die Qualität Ihrer Nahrung testen, indem Sie eine Probe davon über Nacht stehen lassen. Möchten Sie diese Lebensmittel am Morgen immer noch essen? Industriell behandelte Nahrungsmittel verderben sehr leicht und sind schon nach einer Nacht auf dem Küchentisch nicht mehr sehr appetitlich. Die Prinzipien des Tao sagen, dass ein Nahrungsmittel mehr wohl tuende Kraft in sich trägt, je weniger behandelt und verfeinert bzw. raffiniert es ist.

Der Kreislauf des Ch'i

Das Tao des Ch'i, das heißt der Weg des Ch'i, ist ständige Bewegung, ständiger Wandel. Wenn wir Nahrung verdauen, wird das darin enthaltene Ch'i in Energie umgewandelt, die uns belebt. Im täglichen Leben verwenden wir diese Energie, um zu arbeiten und uns zu vergnügen. Arbeit und Vergnügen schaffen und verzehren Ch'i in einem ununterbrochenen Kreislauf. Die traditionelle chinesische Medizin beruht auf der Vorstellung, dass Ch'i entlang bestimmter Bahnen (Meridiane) durch unseren Körper fließt. Wenn diese Meridiane blockiert sind oder die Energie zu schnell oder zu langsam strömt, werden wir krank. Ein chinesischer Arzt kann die Energie wieder zum Fließen bringen bzw. den Energiefluss regulieren und so dem Patienten seine Gesundheit zurückgeben, indem er bestimmte Punkte entlang der Meridiane vorsichtig stimuliert. Das geschieht durch sanften Druck (Akupressur) oder durch das Setzen von Nadeln (Akupunktur).

Chinesische Ärzte vertrauen auf die Akupunktur, wenn es darum geht, dem Körper lebenswichtiges Ch'i zurückzubringen. Sie hält die Meridiane oder Energiebahnen frei.

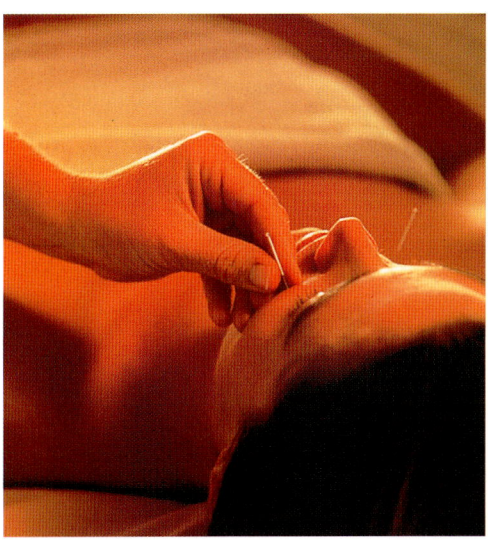

Der ganzheitliche Ansatz

Eine ganzheitliche Vorstellung von Gesundheit bezieht Geist und Körper eines Menschen ein. Jeder Aspekt des menschlichen Lebens, sei es nun die Arbeit, Beziehungen oder alltägliche Gewohnheiten, werden von der Gesundheit beeinflusst. »Ganzheitlich« ist ein Wort, das heute von vielen Menschen benutzt wird. Letztlich meint es nur, dass alle Aspekte unseres Lebens wichtig und miteinander verbunden sind. Ein entsprechendes Ungleichgewicht führt zu Unglück und Krankheit.

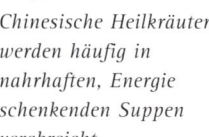

Vorbeugen ist besser als heilen

Die chinesische Medizin folgt dem ganzheitlichen Ansatz. Aus diesem Grund sieht sie vorbeugende Maßnahmen als sinnvoll an. Wenn Sie krank sind, dann deshalb, weil etwas mit Ihrem Energiefluss nicht stimmt. Ihr Arzt wird also versuchen, dieses Problem mit Kräutern, Akupunktur oder Akupressur zu lösen. Aber er oder sie wird Ihnen auch Empfehlungen bezüglich Ernährung und Lebensstil mitgeben. Wenn Sie sich dabei nach dem Prinzip des Tao richten, wird Ihre Energie stärker und freier fließen. Auf diese Weise halten Sie sich Krankheiten buchstäblich »vom Leib«.

Chinesische Heilkräuter werden häufig in nahrhaften, Energie schenkenden Suppen verabreicht.

»Medizin essen«

Chinesische Ärzte verwenden auch Heilkräuter. Diese stellen das energetische Gleichgewicht wieder her, indem sie Menge und Qualität des vorhandenen Ch'i erhöhen bzw. verbessern. Wenn Sie sich schlecht ernähren, dann verschafft Ihnen die konzentrierte Kraft der sorgfältig ausgewählten Kräuter einen wahren Energieschub. Die chinesischen Heiler nennen dies »Medizin essen«, da viele dieser Kräuter in Form von wohlschmeckenden, nahrhaften Suppen verabreicht werden.

Die chinesische Medizin funktioniert nach einem taoistischen Prinzip, das besagt, dass es für jeden einen Weg gibt und dass wir unter schlechter Stimmung und Krankheit leiden, wenn wir von ihm abweichen. Wir brauchen »gute«, frei fließende Energie in unserem Körper. Wenn mit dieser Energie etwas nicht stimmt, werden wir krank. Der Energiefluss muss stark sein, damit wir gesund bleiben. Wir können ihn verbessern, indem wir uns anders ernähren.

Chinesische Ärzte müssen zwar jahrelang studieren, bevor sie heilende Kräuter verschreiben dürfen. Trotzdem kann auch der Laie sich an den Grundprinzipien der chinesischen Medizin orientieren und im »Küchenalltag« mit Kräutern arbeiten. In China gibt man Kräuter in den Salat, aber weit häufiger noch würzt man damit frische, vitamin- und mineralstoffreiche Suppen.

Gesundheit ist nicht alles, doch ohne Gesundheit ist alles nichts.

Regelmäßige Bewegung an der frischen Luft stellt eine sinnvolle Ergänzung zur taoistischen Ernährung dar.

YIN UND YANG

Wollen wir die taoistischen Grundsätze besser verstehen, so müssen wir uns mit den verschiedenen Arten von Ch'i beschäftigen, die in unserer Nahrung vorkommen. Der Taoismus geht, wie bereits gesagt, davon aus, dass zuerst der Himmel (als Symbol für Geist und Licht) entstand. Aus diesem ging dann die Materie (Erde und Dunkelheit) hervor. Zwischen diesen beiden wird ständig Ch'i (Energie) ausgetauscht. Den geistigen (lichten) Aspekt der Energie nennt man »Yang«. Er wird mit der männlichen Kraft des Universums gleichgesetzt. Den materiellen (dunklen) Teil hingegen nennt man »Yin«. Er steht für die weibliche Kraft im Kosmos. Es gibt aber nichts, was nur aus Yin oder Yang besteht. Wenn Sie ein Yin-Yang-Symbol betrachten, entdecken Sie, dass ein heller Yang-Punkt im dunklen Bereich liegt und umgekehrt. Das bedeutet, dass eine Kraft immer schon den Samen für die andere in sich trägt, so dass sie zum Wandel bereit ist und sich jederzeit in ihr Gegenteil verkehren kann.

DIE QUALITÄTEN VON YIN UND YANG

Yin: innen, unten, Norden, negativ, passiv, empfangend, Nacht, Kälte, weich, feucht, Winter, Schatten, innerlich, nass, zurückgezogen, langsam, weit

Yang: außen, oben, Süden, Himmel, positiv, aktiv, Tag, Hitze, trocken, Sommer, Sonnenlicht, Oberfläche, Kraft, Schnelligkeit, schmal

Yin- und Yang-Nahrungsmittel

Die Vorstellung, dass Nahrungsmittel entweder yin- oder yang-betont sind, ist ziemlich alt. Wir sollten allerdings nicht aus den Augen verlieren, dass wir im Tao des Kochens und der Nahrung stets das Gleichgewicht suchen. Wenn Sie nur Yin-Nahrung zu sich nehmen, kann Ihr Körper nur Yin-Energie produzieren – dunkel, langsam und kalt. Essen Sie vorzugsweise Yang-Nahrung, dann bietet Ihr Körper Ihnen nur Yang-Energie – schnell, heiß und energiereich. Zu bestimmten Zeiten, wenn Sie beispielsweise krank sind oder sich von einer Operation erholen, kann es sinnvoll sein, dass Sie nur eine Art von Energie zu sich nehmen, um das Gleichgewicht im Körper wiederherzustellen oder eine Energieblockade aufzulösen.

Was ist nun was?

Sie müssen natürlich nicht jedes einzelne Nahrungsmittel zuordnen können. Am besten Sie merken sich ein paar Grundregeln. So lässt sich leicht feststellen, welche Energie Ihre Nahrung besitzt:

Wenn sie in Sonne und Luft wächst, ist sie vermutlich yang.
Wenn sie in der Dunkelheit der Erde wächst, ist sie wohl eher yin.
Ist sie salzig, ist sie yang; Süßes ist yin.
Ist sie leicht, ist sie yang; fette Speisen sind yin.
Enthält sie viel Natrium, ist sie yang.
Enthält sie viel Kalium, ist sie yin.

So sind die meisten Fleischsorten eigentlich eher yang, aber wenn Sie ein besonders fettes Stück erwischen, dann hat es auch Yin-Anteile. Bei Fisch sind die schlanken, sich schnell bewegenden Arten eher yang als die dicken, langsamen, die mehr yin sind.

Nach dem Genuss von Yang-Nahrungsmitteln fühlt man sich voll und gewärmt. Nach Yin-Speisen hingegen fühlen wir uns leichter und erfrischt. Früchte – die Sie vielleicht für yang halten – sind in Wirklichkeit yin. Sie sind feucht und saftig und nach ihrem Genuss fühlen Sie sich leichter, weniger voll und erfrischt. Ein mageres Steak aus rotem Fleisch hingegen ist trockener, kaliumreicher. Es füllt und wärmt.

Nun denken Sie vielleicht, Sie könnten das ideale Gleichgewicht erlangen, wenn Sie Speisen zu sich nehmen, die stark yang-betont sind (Eier, rotes Fleisch, Geflügel, Fisch), und gleichzeitig solche, die eine starke Yin-Natur haben (Zucker, weiche Früchte, Nüsse und weichen, vollfetten Käse). Das ist aber nicht der Fall, denn Ihr Magen hätte sehr viel zu tun, müsste er ständig solche Extreme ausgleichen. Vermutlich würde er bald ziemlich negativ reagieren. Gleichgewicht erlangen wir am besten, wenn unsere Nahrung selbst im Gleichgewicht ist, also ein gesundes Verhältnis von Yin und Yang enthält.

陽

Wohin du dich auch wendest, tu es aus tiefstem Herzen.

LIMABOHNEN

Ausgewogene Nahrung

In einem besonders ausgewogenen Verhältnis sind Yin und Yang enthalten in Wurzel- und Knollengemüse sowie in Getreide und Hülsenfrüchten. Sie wachsen in einer dunklen Yin-Umgebung heran. Daran ändert sich auch nichts, wenn die Frucht selbst im Sonnenschein wächst. Wurzel- und Knollengemüse sowie Getreide und Hülsenfrüchte enthalten weder ein Übermaß an Kalium noch an Natrium. Außerdem stellen sie uns eine gesunde Energie zur Verfügung, die keine allzu großen Ansprüche an unser Verdauungssystem stellt.

Reis ist ein gutes Beispiel für ein ausgewogenes Nahrungsmittel. (Wir werden uns auf Seite 28f. noch eingehender mit ihm beschäftigen.) Er nimmt zwischen den beiden Extremen eine gesunde Mitte ein und liefert uns daher beide Energieformen. Einige Menschen halten Reis für geschmacklos und langweilig. Das liegt aber nur daran, dass sie einen bestimmten »Kick« erwarten, den sie von ihrer Ernährung mit stark yin- oder yang-betonten Speisen gewohnt sind.

Wenn ein Nahrungsmittel groß, weich, feucht und kühl bzw. erfrischend ist (wie eine Melone), dann ist es eher yin. Ist es hingegen klein, hart, trocken, würzig oder muss es gar in irgendeiner Form gegart werden (wie Fleisch), dann ist es eher yang. Gemüse ist vorwiegend yin, wenn man von dem ausgewogenen Wurzel- und Knollengemüse einmal absieht. Blattsalate sind stark yin, weil sie in der Erde wachsen. Je größer ihre Samen sind, umso stärker yin sind sie. Käse ist eigentlich ein recht ausgewogenes Nahrungsmittel. Nur harte, salzige Sorten sind eher yang, fette, weiche dagegen mehr yin. Sahne, Jogurt und Milch sind stark yin. Je mehr Fett sie enthalten, umso mehr yin sind sie. Früchte sind eher yin, vor allem, wenn sie groß und saftig sind. Harte Früchte hingegen haben ein ausgeglicheneres Yin-Yang-Verhältnis.

Die meisten Nahrungsmittel kann man als vorwiegend yang bzw. yin einordnen. Nur einige sind in sich ausgeglichen: Bohnen und andere Hülsenfrüchte sowie Getreide.

ROTE LINSEN

SCHWARZE BOHNEN

GELBE, HALBE ERBSEN

REIS

MELONE

BLATTSALAT UND GEMÜSE

APFEL

FLEISCH

HARTKÄSE

Yang-Nahrung

rotes Fleisch

Eier

Geflügel

salziger
Hartkäse

Fisch

Yin-Nahrung

Getreide

Bohnen/Samen

Gemüse

Nüsse/
Früchte

Alkoholika/
anregende
Getränke

Gewürze/
Zucker

Weichkäse

Milch/
Jogurt/
Sahne

Das Yin-Yang-Schaubild zeigt Ihnen auf einen Blick, welches Nahrungsmittel zu welcher Kategorie gehört. So können Sie Ihre Nahrungsmittel nach den Prinzipien des Tao selbst zusammenstellen, ob Sie nun nach Rezept kochen oder sich neue Gerichte ausdenken.

INNERES FENG SHUI SCHAFFEN

Feng Shui (wörtlich »Wind und Wasser«) heißt die uralte chinesische Kunst, die eigene Umgebung so zu gestalten, dass man ihr Ch'i am besten aufnehmen kann. Ch'i durchdringt alles, auch die Landschaft, und bringt Energie und Vitalität mit sich. Und es nimmt alles auf, was ihm auf seinem Weg begegnet.

Wenn Sie also in der Nähe des Schlachthofs oder des Friedhofs leben, ist das Ch'i, das in Ihre Wohnung dringt, von Schmerz und Verlust geprägt und kann Sie negativ beeinflussen. Leben Sie hingegen so, dass ihr Blick auf grüne Wiesen, Felder, Wälder und Flüsse fällt, so ist das Ch'i, das in ihr Haus kommt, voller Leben und beschert Ihnen neue Energie.

Die Entwicklung in der modernen Welt hat das Ch'i in unserem Körper aus dem Gleichgewicht gebracht. Schnellstraßen schaffen zum Beispiel negatives Ch'i. Sie können in der Nähe wachsendes Getreide negativ beeinflussen.

Getreide, das neben einer Schnellstraße wächst, enthält nicht nur ein hohes Quantum an Bleirückständen aus Abgasen. Auch sein Ch'i wird beeinflusst. Die Energie, die dieses Getreide uns gibt, wenn wir es essen, ist nicht mehr lebendig. Getreide, das auf ruhigen, sauberen und harmonischen Feldern wächst, gibt uns frisches Ch'i und tut uns gut.

Obwohl es für das Kochen und Essen nach den Prinzipien des Tao keine festen Regeln gibt, tragen einige vom gesunden Menschenverstand inspirierten Grundsätze doch dazu bei, unser inneres Feng Shui zu harmonisieren.

Essen nach der Jahreszeit

Essen Sie im Sommer bevorzugt kühle, erfrischende Dinge wie Salate, die nicht gegart werden müssen. Dies wird die Yin-Kraft in Ihnen erhöhen und Ihnen helfen, mit der vom Sonnenschein verursachten äußeren Hitze (yang) fertig zu werden. Im Winter hingegen ist Yang-Nahrung wie Eintopf oder Auflauf angemessen. Sie erneuert die Yang-Wärme, welche durch das kalte Yin-Wetter verloren ging. Im Frühjahr sollten Sie mehr Gemüse essen, das Ihre innere Balance wiederherstellt. Im Herbst dagegen können Sie schon beginnen, mehr Nüsse und Früchte zu essen, um sich auf den kalten, yin-betonten Winter vorzubereiten.

Veränderungen innerhalb des Lebens

In unseren jungen Jahren sind wir stärker yang. Wenn wir älter werden, kommt unsere Yin-Natur zum Vorschein. Da kleine Kinder sehr yang sind, verlangt es sie nach yin-betonten Süßigkeiten. Ältere Menschen hingegen haben häufig Appetit auf Yang-Nahrung, um sich innerlich zu wärmen. Wenn wir ein energiereiches Leben führen, brauchen wir Yang-Lebensmittel, um uns mit Energie zu versorgen. Ist unsere Lebensweise eher sitzend, brauchen wir mehr Yin-Nahrung.

Ein gesundes Gleichgewicht

Am gesündesten sind jene Lebensmittel, die Yin und Yang in ausgewogenen Anteilen enthalten. Alle Nahrungsmittel, die entweder das eine oder das andere sind, sollten Sie so lange mit Vorsicht genießen, bis Sie sicher sind, dass Sie sie vertragen. Gelegentlich ein wenig rotes Fleisch (stark yang) oder ein wenig Zucker (stark yin) schaden niemandem. Wenn Sie jedoch nur »in Extremen« essen, wird Ihre Gesundheit leiden. Wir alle kennen die Menschentypen, die sich vorzugsweise von einer Sorte Energie nähren: yang-betonte Fleischliebhaber mit roten Gesichtern, hohem Blutdruck und verstopften Arterien; übergewichtige, bleiche Yin-Typen, die von Süßigkeiten abhängig sind und keinerlei Energie haben.

Ein starrer Geist ist wie ein geschlossenes Buch – nur ein Stück Holz.

Tao-Tipps fürs tägliche Brot

Wir sollten versuchen, täglich ein wenig Vollkorngetreide zu essen, um unser inneres Gleichgewicht wiederherzustellen. Das können Vollkornspaghetti oder andere Vollkornnudeln sein, Haferflocken, Reis oder Gerste. Auch Bohnen, Nüsse und Samen sollten wir täglich essen. In diesen Nahrungsmitteln ist Yin und Yang gut ausgeglichen. Daher sind sie nahrhaft *und* gesund.

Raffinierten Industriezucker wegzulassen ist gar nicht so schwierig. Er kann auch gut ersetzt werden, doch die Alternativen brauner Zucker und Honig sind ebenfalls sehr yin. Am besten gewöhnen wir unseren Gaumen so um, dass er auf Süßigkeiten verzichten kann. Natürliche Köstlichkeiten brauchen keine Süßmittel.

Wenn wir unseren Verzehr an Yang-Nahrungsmitteln einschränken wollen, müssen wir auf rotes Fleisch verzichten und es durch Fisch und Geflügel ersetzen. Wir können Yang-Nahrung auch durch yin-betonte Saucen ausgleichen, die wir mit Zitrone, Meerrettich, Senf, Ingwer und anderen Gewürzen verfeinern.

Essen, was in der Region wächst

Wenn Sie nicht gerade in den Tropen leben, brauchen Sie keine tropischen Nahrungsmittel, vor allem keine besonders yin-betonten Produkte wie Ananas, Feigen, Datteln und Chili. Diese Sorten sind sehr yin, weil es ihre Aufgabe ist, den Einfluss des stark yang-betonten tropischen Klimas auszugleichen. In einem gemäßigten Klima ist das nicht nötig. Wenn es allerdings sehr heiß wird, können auch Sie auf diese kühlenden Yin-Früchte zurückgreifen. Ist es dagegen sehr kalt, dann sollten Sie wärmende Yang-Speisen essen wie etwa fleischhaltige Eintöpfe und Aufläufe.

Tropische Früchte sind von ihrem Wachstums-klima geprägt. Sie sind sehr yin, weil sie den Körper in extremer Hitze abkühlen. Wurzelgemüse hingegen verfügt über eine sehr ausgewogene Energie. Sie sind ideal für Länder mit kalten Wintern und warmen Sommern.

Das Tao der Milchprodukte

Wird ein Kalb geboren, so braucht es die ersten Monate seines Lebens zum Wachsen. Daher enthält Kuhmilch viel Eiweiß und Kalzium. Die Muttermilch des Menschen hingegen ist sehr reich an Kohlehydraten. Dies unterstützt das enorme Gehirnwachstum bei menschlichen Säuglingen in den ersten Monaten. Diese beiden Flüssigkeiten sind also sehr unterschiedlich. Wir brauchen viel Milch, wenn wir noch jünger, und weniger, wenn wir älter sind. Milch ist eine natürliche Quelle der Lebenskraft, die wir klug einsetzen sollten. Daher sollten wir als Erwachsene unseren Konsum an Milchprodukten einschränken.

SPARGEL

GINSENG

ZIMT

KNOBLAUCH

HEILENDE NAHRUNG

Spargel, Knoblauch, Zimt und Ginseng gelten in der taoistischen Weltanschauung als heilkräftig: Spargel steigert unsere Widerstandsfähigkeit gegen Erkältung, Knoblauch ist gut fürs Blut, Zimt gegen arthritische Schmerzen und Ginseng stärkt unsere Lebenskraft.

Wenn wir gesund sind und nicht unter Stress leiden, können wir essen, was wir wollen. Haben wir aber unsere Gesundheit oder innere Ruhe verloren, reagiert unser Körper negativ auf zu starkes Yang oder Yin. Die Taoisten sehen die Nahrungsmittel als Heilmittel an, die das Gleichgewicht zwischen den beiden Kräften wiederherstellen. Wenn wir Fieber haben, brauchen wir kühlende Nahrungsmittel. Ist uns kalt, dann steigert Yang-Nahrung unsere Körpertemperatur.

Für Rekonvaleszenten, das heißt für Menschen, die sich von einer schweren Operation oder Krankheit erholen müssen, gelten ganz spezielle Anforderungen: Vor allem ist es wichtig, das Verdauungssystem nicht zu stark zu beanspruchen. Mit weicher, feuchter Nahrung hat der Magen wenig Probleme. Der taoistische Heiler setzt auf Suppen, wenn es um Rekonvaleszenz geht. Auch in unserer täglichen Nahrung bieten sie eine sinnvolle Möglichkeit, wenn wir im Gleichgewicht bleiben wollen.

Nahrung für den Körper

Mit bestimmten Nahrungsmitteln kuriert der Taoist sogar Krankheiten. So glaubt man vom Knoblauch, dass er das Ch'i des Blutes frisch hält. Ginseng stimuliert das ganze System und schenkt uns Lebensenergie. Zimt hingegen lindert Schmerzanfälle bei arthritischen Gelenken. Spargel hilft bei aufkommender Erkältung mit Husten. Die Blüten von *Chrysanthemum indicum* beugen Migräneattacken vor. Pfefferminze stärkt die Lungen, Löwenzahn bringt stagnierende Energie im Magen (die Geschwüre verursachen kann) wieder zum Fließen. Frischer Ingwer wärmt bei starker Kälte und bringt Bewegung in blockiertes Ch'i. Und es gibt noch eine ganze Reihe von Nahrungsmitteln, die für ihre Heilkräfte und ihre vorbeugende Wirkung bekannt sind.

CHRYSANTEMUM
INDICUM

FRISCHER INGWER

Nahrung für den Geist

Auch geistige Probleme lassen sich mit den geeigneten »Lebens-Mitteln« beeinflussen. Haben wir wenig Selbstvertrauen und sind daher stark von anderen abhängig, sollten wir mehr Yang-Nahrung zu uns nehmen, um uns damit geistig zu stärken. Sind wir hingegen aggressiv, dickköpfig und eigensinnig, mag etwas mehr Yin in der Ernährung von Nutzen sein. Yang-Energie macht uns hitziger, lebhafter. Yin-Energie hingegen beruhigt uns. Yang-Nahrung beschleunigt die inneren Abläufe, Yin hingegen verlangsamt sie.

Taoisten glauben, dass wir stärker yang sind, je festgefahrener unsere Denkmuster sind. In diesem Fall brauchen wir Yin-Nahrung, um das Gleichgewicht wiederherzustellen. Haben wir hingegen zu nichts eine feste Meinung, sind ständig desorganisiert, müde und apathisch, dann haben wir zu viel Yin-Energie und sollten sie mit Yang ausgleichen. Nur Sie selbst können also bestimmen, welche Art von Nahrung für Sie die richtige ist. Denken Sie daran: Das Ziel ist mehr Harmonie und Ausgeglichenheit. Energie, Anspannung, Geschwindigkeit (Yang) oder Trödeln, Ausspannen, Tagträumen (Yin) – alles braucht seine Zeit. Probleme tauchen erst dann auf, wenn wir einer Energie zu viel Raum geben.

Nahrung für die Seele

Was wir essen, beeinflusst auch unser Gefühlsleben. Zu viel Yang-Nahrung bringt Spannungen mit sich, die sich in Aggression und Ärger entladen, denn diese Energie in unserem Körper ist sehr stark. Zu viel Yin hingegen beeinflusst den Energiehaushalt in den oberen Regionen des Körpers, was zu Angst und emotionaler Unbeständigkeit führt.

Plötzliche Gefühlsumschwünge lassen sich auf ein Übermaß an Yang zurückführen. Tränen und Depressionen hingegen signalisieren zu viel Yin. Bringen wir diese Kräfte ins Gleichgewicht, so finden wir auch emotionale und geistige Ausgeglichenheit. Unser Humor kommt zurück. Wir sind fröhlich und optimistisch – nichts kann uns jetzt noch aufhalten!

Als Heilnahrung können Ingwer und Chrysantheme erfolgreich eingesetzt werden: Ingwer wärmt und Chrysanthemum indicum ist hilfreich bei Migräne.

Vögel, die in den Himmel hinauf-fliegen, schwim-mende Fische, fließendes Wasser und vorüberziehende Wolken – sie sind das Rad, das den Kreislauf der Natur in Bewegung hält.

DIE FÜNF ELEMENTE

Energie kann entweder als »Yin« oder als »Yang« bezeichnet
werden, außerdem wird sie in der taoistischen Philosophie weiteren
fünf Gruppen zugeordnet: Feuer, Holz, Erde, Metall und Wasser. Ein
Maximum an Yang-Energie stellt das Element Feuer dar: es ist
heiß, hell und schnell. Yin-Energie hingegen wird durch das Wasser
symbolisiert, das feucht, kühl und tief ist. Die Erde steht in vollkommener Ausgewogenheit dazwischen. Holz hingegen wird als
»kleines Yang« betrachtet, da es zwar hauptsächlich Yang-, aber
auch ein paar Yin-Anteile hat. Umgekehrt ist es mit Metall, das als
»kleines Yin« gilt.

Wie Sie Ihr Element herausfinden

Die fünf Energietypen entsprechen fünf verschiedenen Menschentypen. Wenn Sie wissen, welcher Typ Sie sind, können Sie Ihre
Ernährung darauf abstimmen. So sind Feuertypen sehr yang und
brauchen eine Menge Yin-Nahrung, um ihre Hitze zu zügeln. Der
Wassertyp hingegen ist stark yin und braucht viel Yang-Energie, um
sich aufzuwärmen. Der Holztyp braucht zwar weniger Yin als der
Feuertyp, sollte aber trotzdem leicht yin-betont essen. Der Metalltyp
braucht weniger Yang als der Wassertyp, aber seine Ernährung sollte
insgesamt mehr Yang als Yin enthalten. Die ausgewogenen Erdtypen
brauchen eine ebenso ausgewogene Ernährung.

   Wenn Sie wissen wollen, zu welchem Element Sie gehören, brauchen Sie nichts weiter als Ihr Geburtsjahr, denn der Kreislauf der
Elemente wiederholt sich stets aufs Neue. Wenn Sie 1962 geboren
sind (2), sind Sie ein Yang-Wasser-Typus. 1958 Geborene (8) sind
Yang-Erd-Typen. 1927 gibt einen Yin-Feuer-Typus (7). Alle ungera-
den Zahlen sind yin-betont, alle geraden yang. Es gibt insgesamt
fünf Paare – die beiden Metalljahre (0, 1), die Wasserjahre (2, 3), die
Holzjahre (4, 5), die Feuerjahre (6, 7) und die Erdjahre (8, 9).

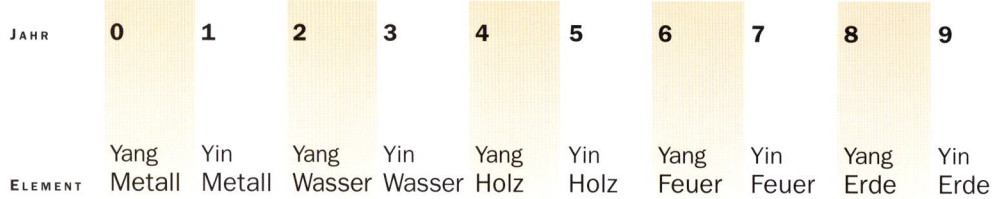

JAHR	0	1	2	3	4	5	6	7	8	9
ELEMENT	Yang Metall	Yin Metall	Yang Wasser	Yin Wasser	Yang Holz	Yin Holz	Yang Feuer	Yin Feuer	Yang Erde	Yin Erde

Die Elementtypen

Der Taoismus geht davon aus, dass diese fünf Elemente unsere Persönlichkeit beeinflussen. Der reine Typus kommt allerdings kaum vor. Idealerweise sollten wir eine gelungene Mischung aus allen fünf Elementen sein. Ungleichgewichte lassen sich durch die entsprechende Nahrung ausgleichen.

FEUER

Feuertypen lieben die Aufregung und brauchen ständig neue Anregungen. Sie sind schnelle, aktive Menschen – unternehmungslustig, erfolgreich und energiegeladen. Unter Umständen leiden sie unter hohem Blutdruck oder Stress. Sie sind schnell erschöpft.

HOLZ

Der Holztyp ist körperlich aktiv und kreativ. Er ist schnell entschlossen und flexibel. Meist hat er mit Kopfschmerzen und Migräne zu kämpfen. Auch Muskelprobleme tauchen häufig auf.

WASSER

Wassermenschen sind intelligent und nachdenklich. Emotional reserviert leben sie in ihrer reichen Fantasiewelt. Häufig fehlt es ihnen an Energie und Lustempfinden. Sie leiden unter Rückenproblemen.

METALL

Der Metalltyp ist gut organisiert. Er hat sich immer unter Kontrolle und stellt hohe Anforderungen an sich und andere. Dementsprechend leidet er unter steifen Gelenken, trockener Haut und schlechtem Kreislauf.

ERDE

Erdmenschen sind gesprächig und sozial. Sie lieben gutes Essen und Unterhaltung. Meist haben sie Probleme mit Wasseransammlungen im Körper und mit der Verdauung.

Was »unterstützt«, was »behindert«?

Jedes dieser fünf Elemente steht mit den anderen in Verbindung: es unterstützt oder bremst die anderen. So unterstützt Wasser Holz, behindert aber Feuer. Das ist eigentlich ganz logisch, denn alles, was wächst, braucht Wasser. Wasser aber löscht Feuer.

- Feuer unterstützt Erde. Erde unterstützt Metall. Metall unterstützt Wasser. Wasser unterstützt Holz. Holz unterstützt Feuer.
- Feuer behindert Metall. Metall behindert Holz. Holz behindert Erde. Erde behindert Wasser. Wasser behindert Feuer.

Für *Das Tao der Kochkunst* ist dieser Kreislauf wichtig, denn Sie müssen ja wissen, was sich gegenseitig unterstützt und was sich behindert: Wir brauchen zum Kochen beispielsweise Metalltöpfe und Feuer zum Garen. Das Feuer wird mit Holz genährt, die Erde hingegen bringt unsere »Lebens-Mittel« hervor. All diese Elemente können für unser Wohlbefinden zusammenarbeiten oder sich gegenseitig so behindern, dass unsere Gesundheit darunter leidet.

EINE TAOISTISCHE GEDÄCHTNISSTÜTZE

Um sich diesen Kreislauf besser merken zu können, stellt man ihn sich wie folgt vor: Ein loderndes Holzfeuer schmilzt die Erde, um Metall hervorzubringen. Dies wird zum Eimer, in dem man Wasser trägt. Dagegen würde dasselbe lodernde Holzfeuer Metall zu einem Klumpen schmelzen und es so behindern. Eine Metallaxt wiederum schlägt Holz und zerstört es so. Das Holz behindert die Erde, weil es ihr alle Nährstoffe entzieht. Die Erde wiederum hindert das Wasser am Fließen. Das Wasser vernichtet das Feuer, weil es dieses löscht.

Einfachheit in der Kunst des Sich-Bescheidens

Im Taoismus geht es um Einfachheit. Ein offenes Holzfeuer ist einfach, effizient und harmonisch. Ein Mikrowellenherd hingegen erledigt zwar dieselbe Aufgabe, ist aber nicht vom Geist des Tao inspiriert. Er ist zu kompliziert und zu weit entfernt von allem Natürlichen und damit auch von der gewünschten Schlichtheit. Eine gusseiserne Pfanne ist einfach und gut gemacht. Die modernen Antihaftbeschichtungen hingegen widersprechen dem Tao. Auch sie sind zu komplex und bestehen aus zu vielen Materialien.

Und doch hat der Geist des Tao nichts mit Zurück-zur-Natur-Philosophien oder Vergangenheitsverklärung zu tun. Er beruht ganz einfach auf gesundem Menschenverstand. Benutzen Sie, was verfügbar ist, aber wenn Sie die Wahl haben, entscheiden Sie sich für das Einfache.

In der taoistischen Küche werden für das Feuer, auf dem Sie kochen, wenn möglich Holzscheite verwendet – die Bäume fällen Sie selbst oder sie wurden von Ihren Ahnen gepflanzt.

NAHRUNG ALS SYMBOL

Zu Anfang dieses Kapitels haben wir uns bereits mit dem Pfirsich, dem Symbol für langes Leben, beschäftigt. Auch Reis hat im Taoismus einen hohen Symbolgehalt. Schließlich sind das chinesische Zeichen für Ch'i und das für Reis praktisch identisch.

Reiskörner stehen für die Verwirklichung höchster Weisheit: In ihnen sind Yin und Yang, die Fünf Elemente sowie Himmel und Erde gegenwärtig. Der Reis selbst stellt Yin und Yang dar. Wenn er gekocht wird, steht der Reis für die Erde (Materie) und der Dampf für den Himmel (Geist). Und er wird in einem Metalltopf in Wasser gekocht – über einem Feuer, das sich von Holz nährt. Was könnte vollkommener sein?

Früher wurde der Reis in offenen, irdenen Töpfen gekocht, aber später kamen auch Metalltöpfe mit Deckeln in Mode. Wenn der zReis in einem geschlossenen Metalltopf gekocht wird, kondensiert der Dampf auf der Unterseite des Deckels. So entsteht Wasser. Auch deshalb geht der Taoismus davon aus, dass Metall Wasser »hervorbringt«.

Reis ist in China ein Grundnahrungsmittel. Er schenkt Yin und Yang in einem ausgewogenen Verhältnis.

Der Reisanbau

Der tiefe Symbolgehalt zeigt sich im Reisanbau. Reis wird von Erde und Wasser hervorgebracht. Er wird mit metallenen Sicheln mit Holzgriffen geschnitten. Das Bild des Bauern, der sein Reisfeld bearbeitet, steht für Arbeit, Selbstversorgung, Einfachheit und Harmonie mit der Umgebung – durchweg taoistische Grundsätze. Dieses Bild lehrt uns eine Menge über das Leben im Einklang mit der Natur.

Eine wertvolle Erinnerung

Der Taoist sagt: »In einem Reiskorn ist alles.« Dieses Sprichwort drückt die gesamte Weisheit der taoistischen Lehre aus. Aber es ruft uns auch ins Gedächtnis, was wir im *Tao der Kochkunst* vermitteln wollen: wie wichtig ein ausgewogenes Verhältnis von Yin- und Yang-Energie und eine gesunde Zusammenstellung der Fünf Elemente für die Ernährung sind. Das einzelne Reiskorn steht für Ch'i, die Lebensenergie. Unser Magen ist der Kochtopf, das Verdauungssystem stellt das Feuer zur Verfügung. Ch'i (Dampf) erhebt sich aus der »gekochten« Nahrung in die Lungen, die man als das »Tor des Himmels« kennt.

> Genieße den Tag. Es ist später, als du denkst.

FARBE, GESCHMACK UND BESCHAFFENHEIT

Wie unsere Nahrung aussieht, ist von entscheidender Bedeutung. Wenn Sie immer nur einen Farbtyp zu sich nehmen, werden sie sowohl körperlich als auch visuell »verhungern«. Unsere Nahrung sollte schön anzusehen sein, gut schmecken und uns gut bekommen. Wenn wir nur weiche Yin-Nahrungsmittel zu uns nehmen, werden unsere Zähne darunter leiden. Genau dasselbe geschieht aber, wenn wir uns ausschließlich von Yang-Nahrungsmitteln ernähren. Wie bei allen Aspekten taoistischen Kochens, so gilt es auch hier, das Gleichgewicht zu finden.

Die Farbe unserer Nahrung

Die Nahrungsmittel lassen sich auch nach ihrer Farbe in die Kategorien »Yin« oder »Yang« einordnen:

- Lebensmittel mit Yin-Charakter stammen meist von Pflanzen, sind weich und kühlend. Dementsprechend weisen kühle Farben auf Yin hin.
- Yang-Nahrungsmittel stammen meist von Tieren. Sie sind fest und wärmend. Alle warmen Farben wie Rot und Orange signalisieren Yang.
- Dazwischen stehen alle Lebensmittel, die ausgewogen sind. Grün und Gelb sind die Farben, die für ein Gleichgewicht der beiden Kräfte stehen.

Wenn wir nur Nahrungsmittel von roter Farbe auswählen, führen wir uns innere Hitze zu, was zu aufgestauter Aggressivität, Stress und hitzigen Gefühlsausbrüchen führt. Nehmen wir dagegen nur weiche, dunkle Yin-Nahrung zu uns, steigt unser innerer Kältepegel an und wir werden überempfindlich und schwächlich.

Essen Sie Grünes!

Wählen wir Lebensmittel aus, die uns mit ihrer Farbe bereits ein ausgewogenes Yin-Yang-Verhältnis signalisieren, dann leben wir harmonischer und glücklicher. Es ist vielleicht kein Zufall, dass die Farben, die uns in dieser Hinsicht am meisten unterstützen, die Grün- und Gelbtöne von Gemüse, Nüssen, Samen, Hülsenfrüchten, Getreiden, Bohnen und Früchten sind. Weiße Nahrungsmittel wie Salz, Eier, Fisch, Geflügel und gut gereifter Hartkäse sind stark yang. Umgekehrt sind dunkle Nahrungsmittel wie Vollrohrzucker, aromatische Gewürze und anregende Substanzen (z.B. Kaffee, Tee oder Kakao) stark yin. Fügen Sie diesen jedoch ein wenig weißes Yang (beispielsweise Milch) hinzu, werden dadurch die überschießenden Yin-Eigenschaften gedämpft.

Milchige Yang-Wolken in Ihrem schwarzen Yin-Kaffee schaffen ein ausgewogenes Verhältnis der beiden Energien.

Die Farbe der Lebensmittel zeigt uns,
ob sie eher yin oder eher yang sind.
Der Farbkreis zeigt Rot- und Orangetöne,
die eher yang sind, und Blau- und
Violetttöne, die Yin signalisieren.

Ein stark yin-haltiges, dunkles Nahrungsmittel wie Vollrohrzucker wird mehr yang, wenn es verarbeitet oder raffiniert und dadurch heller wird. Dunkler Essig ist sehr yin, heller dagegen ist yang. Alkoholische Getränke sind durchweg yin, aber die helleren Formen, die häufig aus Getreide gewonnen werden, sind ausgewogener. Dasselbe gilt für Wein: dunkler Rotwein ist sehr yin-betont, weißer Wein hat auch Yang-Anteile.

Die Geschmacksrichtung

Der Geschmack unserer Nahrung hat ebenfalls seine Yin- und Yang-Aspekte. Daher sollten wir auch hierin nach Ausgeglichenheit streben. Süße Nahrungsmittel werden dabei eher als yin betrachtet, während pikante stärker yang sind. Daher ist eine Frucht stärker yin, je süßer sie schmeckt. Und Fleisch mehr yang, je salziger es ist. Natürlich soll unsere Nahrung nicht fade schmecken. Schließlich wollen beim Essen all unsere Sinne stimuliert werden. Aber je stärker eine Speise gewürzt ist, umso stärker neigt sie einem der Extreme zu. Daher ist der gelegentliche Gebrauch von starken Gewürzen durchaus in Ordnung. Zum Problem wird dies nur, wenn jemand nur noch stark gewürzte Lebensmittel isst oder alles mit sauer Eingelegtem, Chutney oder Saucen »aufpeppen« muss.

Dunkle Nahrungsmittel wie Vollrohrzucker und Kakao sind gewöhnlich sehr yin, helle wie Geflügel oder Milch sind eher yang.

NICHTS IST VERBOTEN!

Der Taoismus kennt keine strengen Ernährungs-
regeln oder gar verbotene Nahrungsmittel. Sie
können alles essen, was Sie wollen, alle Gewürze
benutzen, nach denen es Sie verlangt, und alles so
kochen, wie Sie es gerne hätten. Das Tao besteht
darin, dass wir Ausgewogenheit und innere Harmonie
suchen. Wenn Sie zu sehr yin- oder yang-betonter
Nahrung neigen, dann sollten Sie sich bewusst sein,
dass sich das auf Ihren Körper, Ihren Geist, Ihren
Verstand und Ihre Gefühle negativ auswirkt. Nichts
ist tabu. Man rät Ihnen nur, Maß zu halten. Und
wenn Sie bemerken, dass Sie einer bestimmten Art
von Nahrung mehr zusprechen als anderen, dann
sollten Sie nach den Gründen dafür suchen.

Es ist recht interessant zu beobachten, was Menschen essen. Sie
werden feststellen, dass Menschen, die an sich schon sehr
yang-betont wirken, häufig zu anregenden Mitteln wie Kaffee und
Zigaretten greifen (die sehr yin sind) oder eine Vorliebe für stark
gewürztes Essen, zum Beispiel Currygerichte, haben (das ebenfalls
yin ist). Sie versuchen damit, innere Kälte zu erzeugen, um ihre
übermäßige Yang-Hitze zu mildern. Meist leiden diese Menschen
stark unter Stress, was zu mehr innerer Hitze führt. Natürlich ist
es nicht gut, zu wenig Yin durch ein Übermaß an Stimulanzien
auszugleichen. Ein Mensch mit dieser Disposition sollte vielmehr
viele frische Sachen essen, um mehr Yin zu bekommen.

Menschen, die stark yin-betont sind, nehmen gewöhnlich viel
Yang zu sich, um ihre innere Kälte zu lindern. Sie kochen gerne
mit Käse oder Geflügel und salzen viel. Doch statt sich das
fehlende Yang mit der Nahrung zuzuführen, können diese
Menschen sich ihr Gleichgewicht auch mit mehr körperlicher
Aktivität zurückerobern.

Die Beschaffenheit der Nahrung

Der Taoismus bezieht die Beschaffenheit der Lebensmittel in
seine Überlegungen mit ein. Sehr weiche Nahrung ist yin, sehr
harte yang. Empfohlen wird alles, was wir gründlich kauen
müssen, ohne unseren Zähnen zu schaden. Zu viel weiche
Nahrung, die nicht gekaut werden muss, sollte auf jeden
Fall vermieden werden.

KOCHEN IST MEDITATION

Schlafen, Atmen und Essen – dies sind die drei wichtigsten Aktivitäten des Menschen, mit denen er sich am Leben erhält. Unsere Nahrung beeinflusst jeden Aspekt unseres Seins, von der Gesundheit bis hin zu unseren Gefühlen. Daher ist es durchaus sinnvoll, sie achtsam zuzubereiten. Später werden wir noch genauer auf sinnvolle Utensilien und die Vorbereitung der Zutaten eingehen. Hier wollen wir uns einmal über die geistige und emotionale Komponente des Kochens unterhalten. Man kann Kochen als lästige Routine ansehen oder als köstliche Erfahrung, die wir genießen und an der wir wachsen können. Was ist es für Sie?

Sich Zeit nehmen

Wenn wir die Nahrungsbereitung als etwas sehen, das möglichst schnell vonstatten gehen sollte, damit wir uns anderen Dingen zuwenden können, dann werden wir diese gehetzte Haltung auf unsere Nahrung übertragen. Und natürlich werden wir auch in dieser Haltung essen, um schnell vom Tisch aufstehen zu können. Der Taoist aber nimmt sich Zeit und genießt das Kochen. Was er isst, bereitet er auf entspannte, meditative Weise zu. Sein Ziel erreicht er völlig gelassen. Dann können wir auch gemächlich essen, das Mahl genießen, es ausdehnen und uns darauf konzentrieren, wie gut uns das Essen tut. Es ist kein Zufall, dass die Menschen mit der höchsten Lebenserwartung am längsten für die Zubereitung ihrer Mahlzeiten brauchen und jeden Bissen auskosten.

In wärmeren Klimazonen, rund ums Mittelmeer beispielsweise, verbringen die Menschen viel Zeit mit Kochen. Gleichzeitig verbringen sie mehr Zeit plaudernd mit ihren Familien. Keine unnötige Hast stört sie. Folglich ist ihre Verdauung besser, und sie erkranken weniger häufig an Darmkrebs.

Wenn du Bambussprossen isst, denk an den, der sie gepflanzt hat.

Auf dem Weg des Tao gehört Kochen zur Mahlzeit. Natürliche Zutaten werden mit natürlichen Instrumenten wie Stahlmessern und Holzbrettern verarbeitet.

Mit der Natur verbunden sein

Kochen ist eine Fähigkeit, die wir uns aneignen sollten, und sei es
nur, um die Qualität unserer Ernährung zu verbessern. Wir lernen
beim Kochen etwas über uns, sind mit der Natur und unserer
Umwelt in Kontakt. Wenn Sie nur an abgepackte, industriell verarbeitete Nahrungsmittel gewöhnt sind, mag es anfangs vielleicht
etwas seltsam erscheinen, Nahrungsmittel aus dem Garten zu essen.
Aber Ihr Gaumen wird sich bald auf die einfacheren Genüsse
umstellen. Vielleicht müssen Sie sich die Zeit, um auf taoistische
Weise zu kochen, auch erst schaffen.

Wenn wir industriell hergestelltes Fastfood essen, das wir nur
schnell aufwärmen, sind wir vom Kreislauf des Lebens abgeschnit-
ten, der für unser Wohlbefinden so wichtig ist. Kaufen wir aber frische Produkte und nehmen uns Zeit, sie auf einfache, traditionelle
Weise zuzubereiten, wird uns die Verbundenheit mit der Natur nie
mehr verloren gehen. Dann sind wir Teil einer langen Tradition,
die den Menschen schon seit Tausenden von Jahren dient.

Denken Sie an diese Tradition, während Sie kochen. Erspüren
Sie die Verbindung zu der langen Reihe Ihrer Ahnen, die gelernt
haben, Feuer zu machen, zu kochen und sich um ihre Familie zu
kümmern. Nur dank dieser Menschen sind Sie heute hier.

*Draußen zu essen,
eingebunden in die
Natur, steigert die
Energie unserer
Nahrung.*

Die Zutaten achten

Denken Sie beim Gemüseschneiden an das Leben spendende Ch'i, das Ihnen diese Zutaten bieten. Es ist eine wahre Schatzkammer voll vitaler Energie, ohne die wir nicht leben könnten. Bringen Sie ihm Liebe und Respekt entgegen. Denken Sie daran, wie das Gemüse gewachsen ist, dass es für Sie bestimmt ist, um Ihnen Leben zu schenken. Nehmen Sie sich Zeit, die vollendete Schönheit eines Apfels zu bewundern, den Sie gerade in zwei Hälften geschnitten haben. Sie sind das erste menschliche Wesen, das sein Innenleben erblickt. Seine Leben spendende Energie hat das Universum ganz allein Ihnen zugedacht. Erfreuen Sie sich daran.

Gemüse zu putzen mag Ihnen langweilig erscheinen: Denken Sie dabei einfach an die lebendige Energie, die das Gemüse ausströmt.

Die Vorbereitung

Der Taoismus geht davon aus, dass alles so ist, wie es sein soll. Stellen Sie sicher, dass Sie alle benötigten Zutaten zur Hand haben, bevor Sie beginnen. Und schenken Sie sich selbst genügend Zeit, um ohne Unterbrechungen kochen zu können. Stellen Sie den Anrufbeantworter an – Sie haben jetzt Wichtigeres zu tun.

Machen Sie sich während der Vorbereitung die Farbe, die Struktur und das Leben der Zutaten bewusst. Diese Nahrungsmittel wuchsen, um von Ihnen verspeist zu werden. Sie schenken Ihnen Leben, werden ein Teil von Ihnen. Was immer Sie essen, spiegelt wider, welche Art Mensch Sie sind. Also nehmen Sie sich Zeit und benutzen Sie nur Zutaten von bester Qualität und von erlesener Frische!

Achtsam kochen

Atmen Sie während des Kochens tief und langsam. Arbeiten Sie so sanft, als hätten Sie es mit einem Neugeborenen zu tun. Vermindern Sie unangenehme Geräusche, so dass Sie sich beim Kochen richtig erholen. Denken Sie an die Grundsätze des Feng Shui (siehe Seite 18ff.) und machen Sie Ihre Küche zu einem harmonischen Ort, an dem Sie sich wohl fühlen.

Schließen Sie hin und wieder die Augen, um den Duft der frischen Zutaten in sich aufzunehmen. So können Sie das Leben riechen. Sie stehen im Einklang mit Ihrer Nahrung. Vergegenwärtigen Sie sich, woher Sie kommt und weshalb Sie so außergewöhnlich schmecken wird.

Wenn Sie den taoistischen Weg des Kochens wählen und sich Zeit für das Staunen nehmen, bekommt der ganze Vorgang magischen Charakter und wird zu einer fast mystischen Erfahrung.

Schneiden Sie das Gemüse an einem ruhigen, aufgeräumten Ort, möglichst auf Oberflächen aus natürlichen Materialien.

KOCHEN UND KARMA

Die taoistische Auffassung von *Karma* unterscheidet sich von der des Buddhismus. Für einen Buddhisten ist Karma die Quittung für negative Handlungen, die in späteren Leben abgearbeitet werden müssen. Für einen Taoisten zeigt Karma sofort Wirkung. Wenn Sie etwas Schlechtes oder Falsches tun, werden sie sogleich darunter leiden. Dies wird in der folgenden Betrachtungsweise, die sich auf die Ernährung bezieht, deutlich sichtbar: Wenn Sie »schlecht« essen, werden Sie sich sofort unwohl fühlen. Essen Sie »gut«, werden Sie sich sofort gekräftigt und regeneriert fühlen.

Umgewandelte Energie

Für den Buddhisten ist das Leben heilig. Aus diesem Grund isst er keinerlei Produkte, für die Tiere getötet werden müssen. Ernährung nach buddhistischen Prinzipien ist daher meist stark yin. Der Taoismus geht anders an dieses Problem heran. (Welche Konsequenzen für unsere Ernährung die taoistische Einstellung zu diesem Thema hat, behandeln wir später. Siehe Seite 42f.) Der Taoist glaubt, dass die Energie des Lebens nicht vernichtet werden kann – sie kann nur in eine andere Form umgewandelt werden. Das sterbende Yin der Tiere wird zur Yang-Energie unserer Nahrung. Ohne diesen steten Wandel würde das Universum stillstehen.

Alles hat seine Zeit

Alles muss sterben, damit Neues geboren werden und leben kann. Für den Taoisten ist nur die Qualität dieses Lebens wichtig. Ein Tier absichtlich unter elenden Bedingungen zu halten hat für ihn den gleichen Stellenwert wie für den Buddhisten das Töten von Lebewesen. Wenn wir Leid verursachen, werden wir selbst auf körperlicher oder seelischer Ebene leiden. Leben wir hingegen so, dass wir anderen keinen Schaden zufügen, dann stehen wir im Einklang mit dem Universum und erfahren Glück. Der Taoismus kennt keinen zukünftigen Himmel, der uns für unser »Gut-Sein« belohnt. Für ihn liegt Güte in unserem eigenen Interesse. Dieses Leben kann uns Himmel genug sein, wenn wir es zu leben verstehen. Im Taoismus versuchen wir, es gut zu leben, und zwar jetzt!

Wählen Sie Ihr Tao

Der Taoismus geht davon aus, dass Sie Ihren eigenen Weg gehen müssen. Sie wählen Ihren Pfad, Ihr Tao. Die Religion oder Philosophie eines anderen anzunehmen hat wenig Sinn. Sie müssen selbst Ihren Frieden mit dem Universum machen. Was wir über »richtig« und »falsch« gelernt haben, bietet uns dabei keine ausreichenden Anhaltspunkte. Leben Sie Ihr Leben so, wie es sich für Sie richtig anfühlt.

陽

Blicke zu den Sternen hinauf, aber bleib mit den Füßen auf der Erde.

Tiere, die ein gutes Leben hatten, schenken uns Energie von hoher Qualität.

Ernährung und Karma

Wenn unsere Nahrung vorwiegend yin oder yang ist, beeinträchtigt dies leicht unser Urteilsvermögen. Zu viel Yin macht uns schwach, emotional abhängig, so dass wir nur zu bereitwillig die Meinung anderer Menschen übernehmen. Zu viel Yang hingegen macht uns eigensinnig. Wir bestehen auf unseren Vorstellungen und sind unbeweglich und wenig flexibel. Eine ausgewogene Ernährung hingegen erlaubt uns, im Fluss zu bleiben. Wir finden unseren Weg zwischen den Extremen, ohne unnötigen Kummer zu verursachen.

Dies ist der Weg des Tao: da zu sein und das Leben zu genießen, ohne unbedingt daran teilnehmen zu müssen; in der Welt zu sein, ohne sich darin zu verwickeln. Von der Welt zu nehmen, was man braucht, aber nicht mehr. Etwas zurückzugeben, wenn es geht. Diese einfachen Prinzipien können auf alle Aspekte des Lebens angewandt werden, von der Wahl unseres Wohnortes bis hin zum Kochen.

Der Garten stellt uns Nahrung bereit, wenn wir ihn bestellen. Gleichzeitig ist er unser Geschenk an die Zukunft.

Lebensqualität

Karma bedeutet nicht nur, dass wir das Ergebnis unserer Handlungen ernten. Wir erfahren auch die Qualität unseres Handelns an uns selbst: Wenn wir unser Leben in Eile leben, geht seine Qualität verloren. Wenn wir den Weg des Tao gehen und unser Leben achtsam und langsam leben, haben wir genügend Zeit, es zu genießen. Wir sollten unseren blinden Aktionismus besser loslassen.

Der Taoist glaubt, dass das, was ist, einfach ist. Wir können die grundlegenden Gesetze des Universums nicht ändern, also müssen wir sie annehmen. Energie lebt und verändert sich ununterbrochen. Sobald wir dies akzeptiert haben, können wir das Spiel der Kräfte für uns nutzen. Wir begreifen, dass die Jahreszeiten kommen und gehen und dass unsere Stimmungen und Aktivitäten sich mit ihnen ändern.

Wenn wir ein Sonnenbad nehmen wollen und draußen regnet es, dann können wir darauf mit Ärger reagieren, was sinnlos ist. Oder wir suchen uns eine nützliche Beschäftigung im Haus. Im Taoismus heißt es, dass wir im Sommer früher aufstehen und mehr Energie haben. Im Winter arbeiten wir weniger und bleiben länger liegen. Das ist nur natürlich und gehört zur vollkommenen Ordnung des Kosmos. Wir sind im Winter nicht etwa fauler. So wenig wie wir im Sommer überaktiv sind. Wir folgen einfach dem Kommen und Gehen der Jahreszeiten.

Der Taoismus lehrt uns, Veränderung zu akzeptieren, weil sie unausweichlich ist. Der Sommer wird nun mal zum Herbst. Können wir das einfach annehmen, so hilft es uns, das Leben zu genießen, wie es ist.

Unmittelbares Karma

Die unmittelbaren Auswirkungen von Karma werden klar, wenn wir hastig kochen: Nehmen Sie sich beim Kochen keine Zeit, brennt leicht etwas an. Sie verschütten Salz, Fett brennt sich auf dem Herd ein und vielleicht verbrennen Sie sich sogar die Hand. Wenn Sie Ihre Nahrung zubereiten, ohne bei der Sache zu sein, wird sie Sie unbefriedigt lassen. Dasselbe gilt, wenn Sie schlechte, wenig nahrhafte Zutaten verwenden. Schlechte Ernährung führt zu schlechter Verdauung. Das ist unmittelbares Karma.

Karma und Verdauung

Wenn Sie eine schlechte Verdauung haben, werden die Giftstoffe aus Ihrem Körper nicht ausgeschieden, was unweigerlich zu Krankheit führt. Haben Sie aber hervorragende Zutaten liebevoll zubereitet und achtsam verzehrt, werden diese Ausscheidungsprozesse gefördert. Ihre Gesundheit wird es Ihnen danken – mit mehr Energie und Lebensfreude. Auch das ist unmittelbares Karma.

VEGETARISCHE UND VEGANE ERNÄHRUNG

Sollen wir Fleisch und andere tierische Nahrung essen? Ist es richtig, das zu tun? Nun, dies ist ein Buch über den taoistischen Weg des Kochens, und im Taoismus gibt es keine festen Vorschriften darüber, was man zu tun oder zu lassen hat: Jeder von uns muss selbst entscheiden, was für ihn richtig ist und wie er sein Leben führt. Wenn es sich für Sie richtig anfühlt, dann tun Sie es. Wenn nicht, dann lassen Sie es einfach. Das ist der Weg des Tao.

Im Taoismus achten wir darauf, was wir essen und wie es unsere Gesundheit beeinflusst. Wie wir bereits erfahren haben, sind tierische Nahrungsmittel, vor allem Fleisch, meist stark yang. Wenn wir viel Fleisch essen, werden auch wir stark yang. Das heißt, dass wir über eine Menge innerer Hitze verfügen, was uns aggressiv, eigensinnig und starr in unseren Ansichten macht. Eine stark yang-betonte Ernährung ist nicht gut für unsere Verdauung. Viel Yang überfordert sie. Yang-Nahrung bleibt auch nicht lange frisch, denn das Yang-Ch'i ist sehr veränderlich. Es hat eine natürliche Neigung, in sein Gegenteil umzuschlagen. Wenn wir also sehr yang-betont essen, dann müssen wir unsere Nahrung schnell verarbeiten, sonst bilden sich in unserem Verdauungssystem Giftstoffe, die bald den ganzen Körper überschwemmen. Eine Yang-Ernährung überfordert also unsere Verdauung. Folglich bleibt die Nahrung zu lange in unserem Körper, und die daraus sich ergebenden Yin-Auswirkungen führen schnell zu Krankheiten.

Doch dies trifft auch auf das Gegenteil, eine Yin-Ernährung, zu. Auch sie wirkt sich schädlich auf unsere Gesundheit aus. Yin-Nahrung behält ihre Qualitäten länger bei. Während Yang-Nahrung sich sehr schnell in Yin verwandelt – das ist Teil seiner Natur –, wandelt sich Yin-Energie viel langsamer. Wenn Sie sich hauptsächlich von Yin-Lebensmitteln ernähren, kühlt Ihr Körper stark ab, was ebenfalls zu Krankheit führt. Sie werden sich immer weiter von der Realität entfernen. Die Natur des Yin ist der Raum, das Wesen von Yang hingegen ist die Zeit. Yin-Nahrung bringt Sie also immer weiter vom Alltagsleben weg, während Yang-Nahrung Panik aufkommen lässt, weil die Zeit nicht ausreicht, um all das, was Sie sich vorgenommen haben, auch zu tun.

Wie bei allem, so empfiehlt der Taoismus auch hier ein gesundes Gleichgewicht. Hin und wieder sollten wir Yang-Nahrung zu uns nehmen, damit unsere Ernährung nicht zu yin-betont wird: Geflügel, Eier, Fisch, Hartkäse und ein wenig rotes Fleisch. Aber wir brauchen auch die Yin-Qualitäten von Gemüse, Getreide, Nüssen, Bohnen und Samen, um nicht zu sehr ins Yang umzuschlagen. Wenn wir nur eine Form der Energie zu uns nehmen, entsteht ein geschlossener Kreislauf: Zu viel Yang macht uns eigensinnig, daher bleiben wir auf unsere Ideen über Ernährung fixiert und essen weiterhin viel Fleisch. Zu viel Yin lässt uns »abheben«, also nehmen wir weiterhin Nahrungsmittel zu uns, die uns ängstlich machen. In der Folge nehmen wir uns das Schicksal der Tiere sehr zu Herzen und essen noch mehr Yin-Nahrungsmittel bis hin zur vollkommen vegetarischen oder – noch extremer – veganen Ernährung.

Der Taoismus kennt keine festen Regeln: Tun Sie, was Sie für richtig halten und was sich für Sie richtig anfühlt.

Wasser ist stets ein und dieselbe Substanz, aber wenn eine Kuh davon trinkt, wird es zu Milch. Trinkt es hingegen eine Schlange, verwandelt es sich in Gift.

Zu den Yang-Nahrungsmitteln gehören Fisch, Eier und Hülsenfrüchte, obwohl letztere auch yin sein können. Wenn wir schwerfällig und träge sind, sollten wir eher Yang-Nahrung zu uns nehmen. Zu viel Yang aber verursacht Eigensinn und Aggressivität. Zu viel Yin hingegen macht uns ängstlich.

DAS
TAO
DES KOCHENS

Beim Tao der Kochkunst geht es um Einfachheit.
Je mehr´Schlichtheit und Naturnähe unsere Ernährung
besitzt, desto glücklicher werden wir sein.
Je weiter wir uns von der Natur entfernen, desto mehr
Giftstoffe und Stress nehmen wir mit unserem Essen auf.

DAS TAO DER ZUTATEN

W äre es nicht himmlisch, wenn wir einfach in den Garten gehen könnten, um uns die Zutaten für das Abendessen zu suchen? Es gibt einfach nichts Besseres als Nahrungsmittel im eigenen Garten zu ziehen. Nur so haben Sie die volle Kontrolle darüber, wie sie angebaut und geerntet werden. Und Sie müssen kein Konservengemüse essen, das Chemikalien, beispielsweise Phosphate, und künstlichen Farbstoffe enthält. In unserer Idealvorstellung würden wir genau das tun: Gemüse ziehen, ein paar Hühner für die Eier halten, einige Beerensträucher am Gartenzaun ziehen, ein oder zwei Apfelbäume pflanzen, am nächsten Bach fischen gehen, im Herbst Nüsse sammeln, am Küchenfenster Kräuter anpflanzen, einen Bienenstock haben und vielleicht sogar eine Kuh für die Milch. Das ist der Weg des Tao: einfach, wirksam, wohl tuend und liebevoll. Diese Art zu leben hat keinerlei negative Auswirkungen auf den Rest der Welt.

Frisch, biodynamisch und gut

Unsere Zutaten sollten so frisch wie möglich sein. Wenn sie aus kontrolliert biologischem Anbau sind, enthalten sie so viele Vitamine als nur möglich. Wenn Sie sich biodynamisch gezogenes Gemüse und Obst nicht leisten können, suchen Sie nach frischen »Lebens-Mitteln« von guter Qualität. Wenn das allerdings nicht möglich ist, dann sollten Sie Ihre Einkaufsgewohnheiten ändern. Die Zutaten sind schließlich das Rohmaterial für das, was Ihnen in Form von Mahlzeiten Lebensenergie schenken soll. Sie würden von Ihrem Auto ja auch nicht erwarten, dass es einwandfrei funktioniert, wenn Sie nur Wasser tanken. Wenn wir minderwertige Nahrungsmittel zu uns nehmen, können wir kaum annehmen, dass es unserem Körper gut geht.

Die Jahreszeiten

Unsere Zutaten sollten frisch sein und der jeweiligen Jahreszeit entsprechen. Dafür sind die Jahreszeiten da – sie bieten uns Abwechslung. Wenn wir das ganze Jahr über Erdbeeren essen, wo bleiben da die freudige Erwartung und die Begeisterung? Denken Sie an das Vergnügen, mit dem wir die ersten Erdbeeren der Saison essen. Wenn wir viel Tiefkühllebensmittel zu uns nehmen, verlieren wir die Freude an der Frische und das Gefühl für den Rhythmus des Jahres. Wenn wir nur im Supermarkt einkaufen, spüren wir die Natur nicht mehr – die Ernte und den Geruch von frischem Korn, das wir in der Hand zerreiben.

Je näher an ihrem natürlichen Zustand unsere Zutaten sind, umso besser schmecken sie und umso lebendiger ist ihr Ch'i. Sie sollten nach Erde riechen und nach Sonne schmecken. Blattgemüse sollte die Spuren des Taues tragen. Pflücken Sie das Obst ruhig vom Baum und verzehren Sie es in seinem Schatten.

FEUER UND KOCHUTENSILIEN

Je komplizierter unser Leben, umso mehr haben wir mit Stress zu kämpfen. Je näher wir der Natur sind, desto einfacher wird das Leben. Wir leiden weniger unter Anspannung und sind viel glücklicher. Genau dasselbe gilt für unsere Küchenausstattung.

Yin- und Yang-Feuer

Zum Kochen brauchen wir Hitze, und es gibt verschiedene Methoden, diese zu erzeugen: vom einfachen Holzfeuer bis hin zu hochkomplizierten Elektroherden. Hitze ist Yang-Energie, und je moderner die Energiequelle ist, umso stärker yang-betont ist sie. Ein Holzfeuer ist ebenfalls yang, hat aber durchaus auch Yin-Qualitäten. Ein Feuer ist ausgewogener, je mehr Flammen wir sehen. Hat die Kochhitze dagegen mit Flammen gar nichts mehr zu tun, ist sie äußerst yang. Aus diesem Grund hält der taoistische Koch nicht viel von Mikrowellen. So gesehen ist auch ein Gasherd besser als ein Elektroherd, doch viele Menschen haben eben nur einen Elektroherd und müssen ihn benutzen. Behalten Sie also im Hinterkopf, dass diese Hitze sehr yang ist und die Nahrung stark austrocknet, vor allem beim langsamen Braten.

Auch die Kochmethoden haben entweder Yin- oder Yang-Charakter. Frittierte Nahrung ist ganz eindeutig stärker yang-betont als Rohkost, die sehr yin ist. Auch Gebackenes und im Dampftopf Gegartes ist eher yang, wohingegen Kochen im heißen Wasser eine Yin-Methode ist. Am ausgewogensten sind das schnelle Anbraten unter ständigem Rühren, das so genannte »Stir-Frying«, und das Dämpfen im Einsatz.

Eine einfache, sauber aufgeräumte Küche, in der alle Utensilien schnell zur Hand sind – so macht Tao-Kochen Spaß.

DÄMPFEINSATZ AUS METALL

PFANNE ZUM
BRATEN UNTER
STÄNDIGEM
RÜHREN
(»STIR-FRYING«)

DÄMPFEINSATZ AUS HOLZ

GROSSER EISEN-WOK

Töpfe und Pfannen

Suchen Sie Töpfe und Pfannen aus, die schlicht und einfach sind und aus Natur-materialien wie Eisen oder Holz bestehen.

Auch hier ist es besser, wenn Ihre Küchenausstattung so naturnah wie möglich ist. Einfache Eisenpfannen und Keramiktöpfe sind am besten. Sind Töpfe und Pfannen kompliziert aufgebaut (zum Beispiel mit Antihaftbeschichtung), haben sie ihre Einfachheit verloren und eignen sich weniger für taoistisches Kochen.

Alles, was zum Rühren dient, ist am besten aus Holz. Wenn es geht, sollten Sie Plastik-Utensilien vermeiden. Hölzerne Teller und Schüsseln sind am besten, aber auch Ton- oder Porzellangeschirr ist wunderbar, wenn Sie das bevorzugen. Plastikteller, Plastiktassen und Plastikschalen gehören nicht in die taoistische Tradition. Außerdem wissen wir nicht, welche Wirkung es langfristig hat, wenn wir ständig von solch unnatürlichem Material essen.

Breite, offene Pfannen eignen sich sehr gut für das Braten unter ständigem Rühren. Sie können bequem rühren und die Hitze verteilt sich schnell und gleichmäßig im Bratgut.

Wollen Sie einen Topf kaufen und sind ratlos, denken Sie an den Pfirsich: Wie weit ist das, was Sie kaufen wollen, vom Baum entfernt? Nur durch komplizierteste Produktionsprozesse her-zustellen? Dann sollten Sie lieber darauf verzichten. Ist es hingegen einfach und aus natürlichen Materialien, dann ist es möglicherweise das Richtige. Wie fühlt es sich an? Das Einfachste ist am besten, das Natürliche ist wunderbar.

Wenn du im Wasser stehst, musst du nur die Hand ausstrecken, um zu trinken.

DIE NAHRUNG ZUBEREITEN

Es gibt einige Richtlinien für die Zubereitung der Nahrung, die gut ins taoistische Konzept passen, obwohl sie eigentlich auf gesundem Menschenverstand und den neuesten Erkenntnissen der Nahrungsmittelhygiene beruhen.

Natürliche Materialien

Moderne Küchen sollen vor Sauberkeit nur so blitzen. Häufig bedeutet das jedoch, dass sie voller synthetischer Materialien sind. Versuchen Sie, auf natürliche Materialien umzustellen, arbeiten Sie auf Marmorarbeitsflächen oder hölzernen Schneidbrettern. Sie sind einfach, nahe an der Natur und leicht sauber zu halten.

Einfach und frisch

Wenn Lebensmittel mit Plastik in Kontakt kommen, kann es immer Rückstände geben, die in unsere Zutaten gelangen. Das ist nicht gerade gut für uns. Viele Menschen bewahren ihre Nahrungsmittel in einem Kühlschrank auf, was bedeutet, dass sie sie in einem Container aus Metall und Plastik lagern.

Wir brauchen aber nur deshalb so große Behälter zum Aufbewahren unserer Nahrung, weil wir nicht oft genug einkaufen gehen und daher unsere Lebensmittel kühl lagern müssen. Sehr viel natürlicher ist es, wenn Sie die Dinge, die Sie kaufen, noch am selben Tag verzehren. Kaufen Sie frisch und essen Sie frisch! (Noch besser: Ernten Sie frisch aus dem Garten!) Auf diese Weise brauchen Sie weder Kühlschrank noch Gefriergerät.

Wärmen Sie nichts auf. Geben Sie alles, was übrig bleibt, dem Hund oder den Hühnern, und kaufen Sie sich selbst etwas Frisches.

Yin und Yang trennen

Achten Sie darauf, dass Sie rohes Fleisch nicht zusammen mit gegartem aufbewahren. Am besten benutzt man niemals beides zugleich. Auch Fleisch und Gemüse sollten Sie getrennt aufbewahren. Mischen Sie Yin und Yang nicht. Wenn Sie Fleisch in den Kühlschrank legen, dann ein Fach tiefer als Gemüse: Bei der Aufbewahrung liegt Yang immer unter dem Yin.

Was auch immer Sie zum Schneiden Ihrer Fleischstücke benutzen – für Gemüse sollten Sie auf jeden Fall ein eigenes Messer haben. Das gilt natürlich auch für das Schneidbrett.

Hat Ihre Küche ein separates Becken zum Händewaschen? Waschen Sie Ihre Hände nicht im selben Becken wie Ihr Gemüse. Wenn Sie Fleisch und Gemüse putzen, sollten Sie sich zwischendurch die Hände waschen. Und säubern Sie Ihre Utensilien immer sofort. Heben Sie sich diese Arbeit nicht für später auf.

Eine saubere, auf-geräumte Küche erlaubt Ihnen, Ihre Nahrung entspannt zuzubereiten. Ihre Mahlzeiten werden vor Energie überfließen.

Klarheit schaffen

Die Vorbereitung der Nahrung ist ebenso ein Teil des Kochens wie das Köcheln, Braten und Backen selbst. Nehmen Sie sich also genügend Zeit für das Schneiden des Gemüses, damit Sie wirklich Freude daran haben. Das geht nicht, wenn Sie durch Unordnung eingeengt sind.

Bevor Sie sich also ans Schneiden machen, sollten Sie alles, was Sie jetzt nicht unmittelbar brauchen, von der Arbeitsfläche entfernen. Denken Sie daran: Je aufgeräumter Ihre Arbeitsfläche, umso klarer ist Ihr Geist. Und ein klarer Geist ist beim taoistischen Kochen sehr wichtig, denn er sorgt für Klarheit *in* der Nahrung. Hast, schlechte Laune und Stress gehen beim Kochen auf Ihre Nahrung über. Also: Seien Sie klar, aufgeräumt (innerlich und äußerlich) und entspannt.

Das Ch'i fühlt sich von dem, was sie in Ihrer Küche vorfindet, entweder abgestoßen oder angezogen. Ist der Raum für die Nahrungsbereitung dunkel und unordentlich, kann er das Ch'i nicht willkommen heißen. Die Energie wird also eine abgestandene sein. Strahlt Ihre Küche hingegen Licht, Sauberkeit und Frische aus, dann fühlt die Lebensenergie sich zu Hause und füllt Ihre Küche mit ihren lebendigen Schwingungen.

KOHL

ROTER PAPRIKA

GURKE

TOMATEN

OLIVEN

Geben Sie Ihren Zutaten die Chance, ihre Farbe und Schönheit zu zeigen. Arrangieren Sie sie auf einem hellen, einfarbigen Teller so, dass zwischen ihnen noch Raum ist.

ANRICHTEN UND SERVIEREN

Unsere Nahrung ist nicht nur zum Essen da. Sie ist ein Fest für das Auge und sollte daher ebenso gut aussehen wie schmecken. Damit die klaren, lebendigen Farben zum Tragen kommen, brauchen sie Raum, sonst können Sie sie nicht richtig wahrnehmen. Ein überladener Teller ist nicht nur schlecht für Ihren Magen, er überfordert Sie auch visuell.

Einfarbige Teller

Einfache weiße oder helle Teller (z.B. aus Holz) bringen Ihre Nahrungsmittel am besten zur Geltung. Dort können Ihre Mahlzeiten ihren eigenen Glanz entfalten, ohne dass eine Garnierung nötig wäre. Jedes Gericht, jede Zutat sollte für sich liegen, so dass andere Dinge sie nicht überlagern. Lassen Sie auch ausreichend Abstand zum Tellerrand. So können Ihre Gerichte »atmen«.

Einfache Gänge

Es ist besser, alle Gerichte schön nacheinander zu servieren, als alles auf einmal auf den Teller zu häufen. Dadurch werden Ihre Gäste nur abgelenkt oder dazu verleitet, zu viel zu essen. Einfache Gänge sind außerdem gut für die Unterhaltung, die ein wesentlicher Bestandteil jeder Mahlzeit ist. Sie möchten doch, dass Ihre Gäste sich entspannen und wohl fühlen. Häufen Sie ihnen alles auf einmal auf den Teller, denken sie nur noch ans Essen. Leckere, einfache und schlichte Gerichte aber heben das Niveau, so dass Sie sich an einer kultivierten Unterhaltung freuen können.

Finde die Stille, die die Gedanken enthält.

Gut ist es, wenn unsere Mahlzeiten in einer ruhigen, von Achtung geprägten Atmosphäre serviert werden. Stellen Sie jeden Gang mit ein paar Worten vor, um ihn zu beschreiben. Erklären Sie aber nicht zu viel. Lassen Sie das Gericht selbst zu Wort kommen.

Planen Sie ein wenig Zeit zwischen den Gängen ein. So haben Ihre Gäste Zeit, das Essen zu loben, und jeder Gang kann sich vor dem nächsten etwas »setzen«. Bleiben Sie im Augenblick – denken Sie nie an den nächsten Gang oder an den letzten. Und bringen Sie keine Mahlzeiten auf den Tisch, bei denen Sie an einem Gang kochen, während Ihre Gäste noch mit dem vorhergehenden beschäftigt sind.

Ein schlicht gedeckter Tisch

Servieren Sie Ihre Mahlzeiten auf einem extra dafür reservierten Tisch. Sollten Ihre Kinder Ihre Hausarbeiten darauf machen, dann sollte zuerst alles aufgeräumt sein, bevor Sie den Tisch decken. Alles, was nicht zur Mahlzeit gehört, hat auf dem Tisch nichts zu suchen. Nur ein schlicht gedeckter Tisch bringt die Klarheit und Frische, die wir für unsere Mahlzeiten wünschen. Machen Sie nicht den Fehler, jedes bisschen freien Raum mit Brotkörben oder Vasen zuzustellen. Lassen Sie den Tisch »offen«. Dann spricht er für sich selbst.

Ihr Geschirr sollte hell und einfarbig sein, damit Sie die darauf servierten Nahrungsmittel auch visuell genießen können. Decken Sie den Tisch so einfach wie möglich, selbst dann, wenn Sie Gäste eingeladen haben.

DAS TAO DES ESSENS

Vielleicht denken Sie ja, dass Essen nur eine von vielen Tätigkeiten ist. Oder sollte es dafür gar Regeln geben? Nun, es gibt tatsächlich ein paar Tipps, die Sie beherzigen sollten, wenn Sie möchten, dass Ihre Essgewohnheiten (und damit Ihre Verdauung) sich verbessern. Das bringt mehr Freude ins Leben!

Nehmen Sie sich Zeit

Essen macht Spaß – zumindest sollte es das. Wir sollten unsere Nahrung genießen, ihren Geschmack auskosten, ihren Duft und ihre Farbe in uns aufsaugen, an ihr unsere Freude haben. Stellen Sie eine Beziehung zu Ihren Mahlzeiten her – schließlich werden sie ein Teil Ihrer selbst. Sie schenken Ihnen Leben und Energie. Wenn Sie sich keine Zeit nehmen, können Sie sie nicht genießen. Essen Sie langsam. Kauen Sie gründlich. Kosten Sie jeden Bissen aus. Auf diese Weise wird auch Ihre Verdauung gestärkt.

Wenn Sie Ihre Mahlzeiten gern ausdehnen wollen, um so richtig darin zu schwelgen, dann legen Sie Wert auf höchste Qualität der Nahrungsmittel. (Wenn Sie sich allerdings mit Schnell- und Sofortgerichten begnügen wollen, können Sie diese auch hinunterschlingen, bevor Sie Zeit haben, sie richtig zu kosten. Auf diese Weise spüren Sie wenigstens nicht, wie sehr Ihnen diese Art der Nahrung schadet.)

Bereiten Sie sich aufs Essen vor

Vielleicht möchten Sie vor dem Essen ja kurz die Augen schließen und tief durchatmen. Bereiten Sie Ihren Magen darauf vor, was jetzt kommt. Entspannen Sie sich, um die neue Energie ganz aufnehmen zu können. Bringen Sie Ihren Geist zur Ruhe, damit Sie sich auf das, was Sie jetzt tun, konzentrieren können. Sie essen nun – mit Leib und Seele.

Genießen Sie!

Richten Sie immer zuerst bewusst Ihren Blick auf den Teller, der vor Ihnen steht. Saugen Sie die Farben und den Duft in sich auf. Sie wissen, dass diese Köstlichkeit Sie mit lebendiger Energie versorgen wird. Spüren Sie nach, ob Sie wirklich hungrig sind und nicht nur aus Gewohnheit essen. Sind in diesem Gericht Yin und Yang in einem ausgewogenen Verhältnis vorhanden? Ist es aus Lebensmitteln der Jahreszeit gezaubert?

Essen Sie nur, wenn Sie wirklich hungrig sind. Und bereiten Sie Ihre Mahlzeiten in einer liebevollen, fröhlichen Atmosphäre zu.

Holz hacken, Reis essen

Essen Sie, wenn Sie hungrig sind. Schlafen Sie, wenn Sie müde sind. Diese beiden taoistischen Prinzipien haben einen tiefen Sinn. Quälen Sie sich nicht mit zu großen oder zu kleinen Nahrungsmengen! Wir essen, um uns daran zu erfreuen, um Energie und Leben aufzunehmen. Wir stimulieren damit unseren Gaumen und die Geschmacksknospen auf der Zunge. Unsere Nahrung sollte anregend, heilsam, nahrhaft und frisch sein. Wenn das nicht der Fall ist, warum essen wir dann überhaupt? Unsere Mahlzeiten sollten mit Ruhe und Liebe bereitet werden. Ist das nicht der Fall, wozu dann das Ganze? Lasst uns langsam, bewusst und voller Achtung essen! Wozu sonst all die Mühe? Wenn Sie nicht hungrig sind, dann sollten Sie lieber Holz hacken statt zu essen. Ein taoistisches Sprichwort sagt: Vor der Erleuchtung – Holz hacken und Reis essen; nach der Erleuchtung – Holz hacken und Reis essen.

REZEPTE

Wir haben für jedes der folgenden Rezepte eine ungefähre Garzeit
angegeben. Trotzdem möchten wir hier für das Tao des Garens
plädieren – das Gericht ist fertig, wenn es fertig ist. Wenn Sie erwarten,
dass ein Gericht nach genau 20 Minuten gar ist, und nach 24 Minuten
ist es immer noch nicht so weit, dann tut das nichts zur Sache. Wenn
Sie auf taoistische Art kochen, lernen Sie zu spüren, wann Ihre Nahrung
fertig ist. Dasselbe gilt für die Zutaten: Wenn in einem Rezept vier
Tomaten angegeben sind, Sie aber nur drei haben – wunderbar.
Verwenden Sie eben diese drei.
Wenn nicht anders angegeben, gelten alle Rezepte für vier Personen.
Die angegebenen Zutaten erhalten Sie in Naturkostläden, Reformhäusern,
Feinkostläden oder frisch auf den Märkten in Ihrer Umgebung.

GRUNDREZEPTE

Bouquet Garni

Kein Koch würde jemals ohne dieses Kräuter-und-Gewürz-Säckchen ar-
beiten, mit dem man wärmende winterliche Suppen und Eintöpfe würzt.

1 Lorbeerblatt
1–2 Thymianzweiglein
6 Pfefferkörner

1. Die Zutaten in ein kleines Musselinsäckchen legen und zubinden. Oder in ein Lauchblatt wickeln und mit Zwirn verschnüren.
2. Mit dem Zwirn am Topfhenkel festmachen und in die Suppe hängen. So kann das Bouquet garni vor dem Servieren problemlos entfernt werden.

Hühnerbrühe

ergibt etwa
5 Suppen-
tassen (1,1 l)

🕐 **Kochzeit:**
2–3
Stunden

1 frisches Brathuhn mit allen Innereien und Knochen
1 Zwiebel, geschält und in Scheiben geschnitten
1 Karotte, geschält und in Scheiben geschnitten
1 Stiel Staudensellerie, in Scheiben geschnitten
1 Bouquet garni
Salz und Pfeffer zum Abschmecken

1. Das Huhn in große Stücke schneiden und zusammen mit den Knochen und den Innereien in einen großen Topf geben. Mit etwa 1,7 Liter Wasser übergießen. Zwiebel, Karotte, Sellerie, Bouquet garni und wenig Salz und Pfeffer zugeben.
2. Zum Kochen bringen und den Schaum von der Oberfläche schöpfen. Dann bei geringer Hitze und halb geschlossenem Deckel 2–3 Stunden simmern lassen. Abseihen und abkühlen lassen.
3. Alle Spuren von Fett abschöpfen, sobald die Suppe erkaltet ist.

Gemüsebrühe

ergibt etwa
5 Suppen-
tassen (1,1 l)

🕐 **Kochzeit:**
$1^1/_2$–2
Stunden

2 EL Pflanzenöl
1 Zwiebel, geschält und fein gehackt
1 Karotte, geschält und gehackt
½ Tasse (50 g) weiße Rüben, geschält und in Würfel geschnitten
½ Tasse (50 g) Pastinaken, geschält und in Würfel geschnitten
4 Stiele Staudensellerie, gehackt
1 Bouquet garni
ein wenig Salz

1. Das Öl in einem Topf erhitzen, die Zwiebel zugeben und etwa 5 Minuten sanft andünsten, bis sie leicht gebräunt ist.
2. Die anderen Zutaten zugeben und mit 1,7 Liter Wasser aufgießen.
3. Zum Kochen bringen, dann bei halb geschlossenem Deckel etwa $1^1/_2$ Stunden simmern lassen. Hin und wieder umrühren. Abgießen und abkühlen lassen.
4. Zugedeckt im Kühlschrank aufbewahren. Innerhalb von 48 Stunden verbrauchen.

陽

Wer von »richtig«
oder »falsch«
spricht, hat
das Tao nicht
verstanden.

DAS TAO DER SUPPEN

Suppen sind etwas Wunderbares. In der taoistischen Küche spielen sie eine große Rolle, da sie entweder yin bzw. yang oder aber beides zugleich sein können. Sie können warme Yang-Suppen im Winter und kühlende Yin-Suppen im Sommer essen.

Frische Zutaten

Dosen- und Fertigsuppen haben mit echten Suppen nichts mehr zu tun. Eine Suppe sollte immer aus den frischesten Zutaten bereitet werden, die gerade verfügbar sind. Zum Resteverwerten ist sie nicht geeignet. Mit den Resten der letzten Mahlzeit beleidigen Sie die Idee der Suppe.

Yin- und Yang-Suppen

Sie können aus der Suppe natürlich auch einen dicken, wärmenden Yang-Eintopf für kalte Wintertage machen und ihn noch weiter »yangisieren«, indem Sie Fleisch zugeben. Kühle, klare Sommersuppen hingegen bestehen ausschließlich aus Gemüse.

So einfach als möglich

Suppen sind dann am besten, wenn man sie einfach sind. Hühnersuppe ist hier ein gutes Beispiel. Wenn Sie dem Huhn noch viele andere Zutaten beigeben, dann ist es keine Hühnersuppe mehr, sondern ein Eintopf. Eine fast völlig klare Hühnersuppe mit einem hauchdünnen Fettfilm auf der Oberfläche ist die beste Nahrung für Rekonvaleszenten und kranke Kinder.

Essen, was heilt

Chinesische Kräuterkundige empfehlen Suppen bei fast allen Krankheiten, da sie das Einnehmen von Heilkräutern viel angenehmer machen. Sie bezeichnen ihre Suppen deshalb auch als »Medizin«. Gibt es einen angenehmeren Weg, Arznei einzunehmen, als in Form eines Tellers duftender Suppe?

Die Suppe zubereiten und servieren

Natürlich werden Ihre Gäste die Zeit, die Sie sich für die Zubereitung nehmen, zu schätzen wissen. Leichte Suppen sind ein wundervoller Auftakt. Sie machen Appetit. Dicke Suppen hingegen können als eigenständige Mahlzeit gelten. Servieren Sie die Suppe in einer Terrine und benutzen Sie Suppenschüsseln mit breitem Rand. So haben Ihre Gäste Platz, um ihr knuspriges Brot darauf abzulegen. Um Erkältungen entgegenzuwirken, können Sie die Suppe mit Yang-Zutaten wie Fleischbällchen, Knoblauch, Käse oder Croûtons anreichern.

Nehmen Sie nur die frischesten Zutaten. Auf diese Art erhalten Sie köstliche, wohl tuende Suppen.

Gurken-Orangen-Suppe

Diese Suppe ist sehr yin. Sie kombiniert den erfrischenden Geschmack von Zitrusfrüchten mit anderen sommerlichen Aromen: ideal für einen heißen Tag.

Jahreszeit:
Sommer

Zubereitung:
10–20 Minuten zuzüglich Kühlzeit

⅔ Gurke
4 Orangen
Salz
2 Zitronen
1¼ Tassen (300 ml) kalter Pfefferminztee

1. Die Gurke und zwei der Orangen schälen, putzen und in dünne Scheiben schneiden.
2. Die Gurkenscheiben auf einem flachen Teller auslegen und leicht salzen. Mit einem massiven Teller beschweren.
3. Den Saft der Zitronen und der restlichen 2 Orangen auspressen. Mit dem kalten Pfefferminztee vermischen.
4. Die Gurkenscheiben gründlich abspülen und dann zusammen mit den Orangenscheiben in die Flüssigkeit geben.
5. Vor dem Servieren im Kühlschrank kühl stellen.

Avocadosuppe

Diese Suppe kann heiß oder kalt serviert werden.

Jahreszeit:
Sommer

Zubereitung:
10–20 Minuten

große, reife Avocados
4½ Tassen (1 l) Hühnerbrühe (siehe Seite 55)
1 Tasse (250 ml) süße Sahne
Salz und Pfeffer zum Abschmecken
1 EL Koriandergrün, fein gehackt, zum Servieren

1. Die Avocados halbieren und entsteinen. Das Fleisch zerkleinern und durch ein Sieb in eine große Schüssel streichen. Die Schalen beiseite legen.
2. Hühnerbrühe und Sahne in einen Topf geben und langsam erhitzen. Nicht zum Kochen bringen.
3. Die Hühnerbrühe und die Sahne unter ständigem Rühren in die Avocadomasse geben.
4. Mit Salz und Pfeffer abschmecken. Vor dem Servieren mit Koriandergrün bestreuen.

Karotten-Sellerie-Suppe

Diese wunderbare Yin-Suppe kann im Sommer kühl serviert werden.

Jahreszeit:
Sommer

Kochzeit:
50–60
Minuten

2 EL Pflanzenöl

2 Tassen (225 g) Zwiebeln, geschält und gehackt

900 g Karotten, geschält und gehackt

900 g Knollensellerie, geschält und gehackt

1,7 l Hühnerbrühe (siehe Seite 55)

Saft und geriebene Schale von 1 mittelgroßen Orange

1½ Tassen (300 ml) süße Sahne

Salz und Pfeffer zum Abschmecken

1. Das Öl in einem großen Topf erhitzen. Das Gemüse zugeben und 5 Minuten lang leicht dünsten ohne zu bräunen.

2. Hühnerbrühe zugießen und zum Kochen bringen. Dann bei geschlossenem Deckel etwa 25 Minuten lang leicht köcheln lassen.

3. Orangensaft und -schale zufügen. Weitere 20 Minuten köcheln lassen.

4. Vom Feuer nehmen und etwas abkühlen lassen, dann in einem Mixer oder mit dem Pürierstab glatt rühren.

5. Vollkommen abkühlen lassen, danach die Sahne zugeben. Mit Salz und Pfeffer abschmecken.

Hühnersuppe mit Kokosnuss

*Eine wundervoll wärmende Yang-Suppe. Die Kokosnuss verleiht
ihr eine köstlich cremige Beschaffenheit.*

Jahreszeit:
Winter

Kochzeit:
30–40
Minuten

3 Tassen (750 ml) Kokosnussmilch

2 Tassen (475 ml) Hühnerbrühe (siehe Seite 55)

4 Stängel Zitronengras

2,5 cm Ingwerwurzel, geschält und in dünne Scheiben geschnitten

10 schwarze Pfefferkörner, mit der flachen Seite des Messers zerdrückt

10 Zitronenblätter von der Kaffir-Limette (Citrus hystrix)

300 g Huhn, enthäutet, entbeint und in dünne Streifen geschnitten

100 g Champignons

½ Tasse (50 g) Zuckermais

4 EL Limettensaft

GARNIERUNG:

2 rote Chilischoten, entkernt und fein gehackt

Frühlingszwiebeln, gehackt

Koriandergrün, fein gehackt

1. Kokosnussmilch und Hühnerbrühe in einen großen Topf geben und zum Kochen bringen.

2. Vom Zitronengras die grünen Stiele abschneiden, die dicken, weißen Enden mit der flachen Seite des Messers zerdrücken und zusammen mit den Ingwerscheiben, Pfefferkörnern und der Hälfte der Limettenblätter in die Brühe geben. Die Hitze reduzieren und etwa 15 Minuten lang köcheln lassen.

3. Die Brühe abgießen, dann zurück auf den Herd stellen. Huhn, Pilze und Mais zugeben. So lange kochen, bis das Huhn gar ist (etwa 10 Minuten).

4. Den Limettensaft und die restlichen Blätter unterrühren. Heiß servieren. Mit Chilischoten, Frühlingszwiebeln und Koriandergrün garnieren.

Gekühlte Mandelsuppe

Eine erfrischende Yin-Suppe für heiße Tage. Zur Vorbereitung genügen einige Minuten. Vergessen Sie aber nicht die Kühlzeit.

Jahreszeit:
Sommer

Zubereitung:
10–20
Minuten

¾ Tasse (100 g) abgezogene Mandeln

4 Knoblauchzehen, geschält

1 EL Olivenöl

1 EL weißer Weinessig

2 Scheiben weißes Brot, in Stücke geschnitten

3 Tassen (750 ml) Hühnerbrühe (siehe Seite 55)

Salz und Pfeffer zum Abschmecken

Garnierung:

1 EL Petersilie, gehackt

350 g kernlose grüne Trauben

1. Mandeln, Knoblauch, Öl und Essig in einen Mixer geben und glatt pürieren.

2. Nach und nach Brot und Hühnerbrühe zugeben. Dazwischen immer wieder glatt mixen. Mit Salz und Pfeffer abschmecken.

3. In Suppenschüsseln geben und jedem Gast einzeln servieren. Vorher mit Petersilie und Trauben garnieren.

Schwarzwurzel-Zitronen-Suppe

Diese Suppe ist sehr yin, kann also gut vor einem yang-betonten Fleischgericht serviert werden. Außerdem klärt sie den Gaumen vor dem Hauptgericht.

Jahreszeit:
Winter

Kochzeit:
50–60
Minuten

5 Tassen (1,1 l) Hühnerbrühe (siehe Seite 55)

3 EL Zitronensaft

750 g Schwarzwurzeln

2 EL Sellerieblätter, gehackt

1 Zwiebel, geschält und gehackt

1 TL Gewürzpaprika

Salz und Pfeffer zum Abschmecken

½ Körbchen Brunnenkresse, fein gehackt

⅔ Tasse (150 ml) süße Sahne

1. Hühnerbrühe und Zitronensaft in einen großen Topf geben. Die Schwarzwurzeln schälen und in Stücke schneiden. Zusammen mit Sellerieblättern, Zwiebelwürfel und Paprika in die Brühe geben. Mit Salz und Pfeffer würzen und zum Kochen bringen. Dann bei geschlossenem Deckel 45 Minuten köcheln lassen, bis die Schwarzwurzelstücke weich sind. Vom Herd nehmen und etwas abkühlen lassen.

2. Die Suppe in einem Mixer pürieren und wieder in den Topf gießen. Sahne und Brunnenkresse zugeben und nochmals etwa 5 Minuten köcheln lassen. Heiß servieren.

Vergiss Kränkungen, aber niemals dir erwiesene Güte.

Pikante Hühnersuppe

Eine Suppe, in der Yin und Yang in einem ausgewogenen Verhältnis vorhanden sind. Sie kann als eigenständiges Gericht oder vor einem yang-betonten Fleischgang serviert werden.

Jahreszeit:
Winter

Zubereitung:
30–40
Minuten

1 EL Pflanzenöl

1 grüne Chilischote, entkernt und fein gehackt

2,5 cm frische Ingwerwurzel, geschält und fein gehackt

350 g Hühnerbrust, enthäutet und in kleine Stücke geschnitten

2 Knoblauchzehen, geschält und mit der flachen Seite des Messers zerdrückt

3 Tassen (750 ml) Hühnerbrühe (siehe Seite 55)

3 EL Limettensaft

½ Tasse frisches Koriandergrün, fein gehackt

225 g Zuckererbsenschoten, klein geschnitten

Salz und Pfeffer zum Abschmecken

Frühlingszwiebeln, fein gehackt, zum Garnieren

1. Öl in einem großen Topf erhitzen. Chili, Ingwer, Huhn und Knoblauch zugeben. Schmoren lassen, bis das Huhn gar ist (etwa 5 Minuten).

2. Mit Hühnerbrühe und Limettensaft aufgießen. Die Hälfte des Koriandergrüns zugeben und zum Kochen bringen. Die Hitze zurücknehmen und bei geschlossenem Deckel etwa 15 Minuten köcheln lassen.

3. Die Zuckererbsenschoten zugeben und weitere 5 Minuten köcheln lassen.

4. Das restliche Koriandergrün hinzufügen und mit Salz und Pfeffer abschmecken.

5. Mit fein gehackten Frühlingszwiebeln garnieren. Heiß servieren.

Spargel-Mandel-Suppe

Diese wärmende Yin-Suppe ist ideal für einen kalten Herbsttag. Spargel schmeckt nämlich nicht nur köstlich, er hat auch heilende Qualitäten.

Jahreszeit:
Herbst

Kochzeit:
30–40
Minuten

¾ Tassen (100 g) abgezogene Mandeln

5 Tassen (1,1 l) Gemüsebrühe (siehe Seite 55)

1 EL Pflanzenöl

4 Stangen Staudensellerie, gehackt

450 g Spargel, geputzt und in Stücke geschnitten

2 EL frische Petersilie, gehackt

3 EL süße Sahne

Salz und Pfeffer zum Abschmecken

GARNIERUNG:

Crème fraîche

geröstete Mandelblättchen

Petersilie, fein gehackt

1. Mandeln und Gemüsebrühe in einem Mixer glatt mixen. Abseihen. Die Brühe beiseite stellen.

2. Das Öl in einem großen Topf erhitzen, den Sellerie zugeben und 5 Minuten lang dünsten.

3. Dann den Spargel zugeben und weitere 5 Minuten dünsten lassen.

4. Mit der Brühe aufgießen und die Petersilie zufügen. Bei geschlossenem Deckel etwa 15 Minuten lang köcheln lassen. Vom Feuer nehmen und etwas abkühlen lassen.

5. In einem Mixer glatt rühren, zurück in den Topf gießen. Auf kleiner Flamme ziehen lassen. Sahne zugeben. Mit Salz und Pfeffer abschmecken.

6. Heiß servieren. Vorher mit einem Klecks Crème fraîche, Mandelblättchen und Petersilie garnieren.

Feine Suppe von Sauerampfer, Kartoffeln, Reis und Kopfsalat

Diese ausgesprochen nahrhafte Suppe wird im Sommer kühl und mit geriebenem Parmesan bestreut serviert.

Jahreszeit:
Sommer

Kochzeit:
25–35
Minuten

4 EL Pflanzenöl

6 Frühlingszwiebeln, gehackt

1 Knoblauchzehe, geschält und mit der flachen Seite des Messers zerdrückt

1 TL frischer Thymian, fein gewiegt

¼ Tasse (50 g) Langkornreis

2 Tassen (225 g) Kartoffeln, geschält und in kleine Würfel geschnitten

450 g (1 Kopf) Kopfsalat, in grobe Streifen geschnitten

Sauerampfer, grob gewiegt

5 Tassen (1,1 l) Gemüsebrühe (siehe Seite 55)

2 EL frischer Schnittlauch, fein gewiegt

1 Prise Muskatnuss

Salz und Pfeffer zum Abschmecken

Parmesankäse, frisch gerieben, zum Bestreuen

1. Das Öl in einem großen Topf erhitzen. Frühlingszwiebeln, Knoblauch und Thymian zugeben. Etwa 5 Minuten andünsten, so dass die Zwiebeln weich, aber noch nicht braun sind.

2. Reis und Kartoffeln zugeben. Unter Rühren etwa 2 Minuten lang andünsten.

3. Kopfsalat und Sauerampfer zugeben. Mit der Gemüsebrühe ablöschen. Zum Kochen bringen, die Hitze reduzieren und bei geschlossenem Deckel etwa 15 Minuten köcheln lassen, bis der Reis und die Kartoffeln gar sind. Vom Feuer nehmen und etwas abkühlen lassen.

4. Die Suppe zusammen mit Schnittlauch, Muskatnuss, Salz und Pfeffer in den Mixer geben und glatt pürieren. Vor dem Servieren ganz auskühlen lassen.

5. Mit Parmesan bestreut und mit aufgebackenem Baguette servieren.

DAS TAO VON FLEISCH UND GEFLÜGEL

Fleisch ist ein grundlegender Bestandteil der taoistischen Küche. Es bringt den Yang-Aspekt in unsere Ernährung und versorgt uns mit lebensnotwendigem Protein.

Wenn möglich sollten Sie Fleisch und Geflügel immer in der höchsten Qualität – am besten aus artgerechter Tierhaltung – kaufen. Tiere, die nicht intensiv gemästet, sondern in ihrer natürlichen Umgebung gehalten wurden, schenken uns besseres Fleisch.

Gepökeltes Fleisch hat noch stärkere Yang-Qualitäten als ungesalzenes. Wir sollten es daher weitgehend meiden. Fleisch sollte frisch sein und möglichst bald nach dem Schlachten verzehrt werden. Innereien gelten als stärker yin, Muskelfleisch als stärker yang.

Fleisch zubereiten

Wird Fleisch lange gebraten, so verliert es viel von seiner Energie. Daher ist es meist besser, es unter ständigem Rühren kurz anzubraten. Schneiden Sie das Fleisch in kleine Stücke und geben Sie es in heißes Öl. Dort wenden Sie es ein- oder zweimal. Diese Garmethode nennt man »Kurzbraten«. Sie bewahrt Energie und Geschmack des Fleisches am besten. Ein längerer Bratvorgang trocknet das Fleisch aus und raubt ihm so Energie. Tiefkühlfleisch sollten Sie meiden, da es keinerlei Energie mehr besitzt.

Je fetter das Fleisch ist, umso stärker werden seine Yin-Qualitäten, obwohl es im Ganzen gesehen als tierisches Produkt natürlich yang-betont bleibt. Je magerer, dunkler, nährstoffreicher das Fleisch und je tiefer sein roter Farbton ist, umso stärker yang ist es.

Geflügel

Sie können jede Art von Geflügel zu sich nehmen. Sie sollten nur darauf achten, dass Geflügelfleisch mit rotem Farbton eher yang ist. Huhn ist also stärker yin als Ente. Die Gans hingegen hat zwar dunkles Fleisch, ist aber doch mehr yin, weil sie ziemlich fett ist.

Auch Geflügel sollte so frisch als möglich sein und von Tieren stammen, die ein natürliches Leben führen konnten. Insgesamt sollten weder Fleisch noch Geflügel zu häufig verzehrt werden, weil ihre Yang-Energie sehr konzentriert ist. Ein- oder zweimal die Woche ist völlig ausreichend.

陽

Wer eilt, kann nicht in Würde gehen.

Fleisch bringt das nötige Yang in unsere Ernährung. Trotzdem sollte es in Maßen genossen werden.

Hacksteaks aus Schweinefleisch und Speck

Hacksteaks bei einem Grillfest draußen – ideal für einen warmen Sommerabend. Servieren Sie sie mit einem Dip.

Jahreszeit:
Sommer/
Herbst

Zubereitung:
30–40
Minuten

⅔ Tasse (100 g) fetter Räucherspeck, die Schwarte entfernt und durch den Wolf gedreht

450 g mageres Schweinehack

225 g Mett von Rostbratwurst

1 kleine rote Chilischote, entkernt und fein gewiegt

2 Knoblauchzehen, geschält und mit der flachen Seite des Messers zerdrückt

½ Tasse (25 g) Weißbrotkrumen

Salz und Pfeffer zum Abschmecken

2 Eier, verquirlt

1. Speck, Schweinehack, Bratwurstmett, Chili, Knoblauch und Brotkrumen vermischen. Mit Salz und Pfeffer abschmecken, dann die zwei Eier darunter rühren.

2. Aus der Mischung etwa 20 längliche Steaks formen. Zudecken und etwa 15 Minuten stehen lassen, damit sie später ihre Form behalten.

3. Auf dem Holzkohlengrill oder unter dem Elektrogrill Ihres Backofens etwa 10 Minuten braten, bis sie ganz durch sind. Mehrmals wenden.

Schweinekotelett mit Pflaumen

Ein aromatisches, nicht zu schweres Gericht für den Herbst. Der würzige Ingwer vertreibt die Kälte.

Jahreszeit:
Sommer/
Herbst

Zubereitung:
1–1¼
Stunden

450 g Pflaumen

2,5 cm frische Ingwerwurzel, geschält und fein gehackt

1 EL Pflanzenöl

Salz und Pfeffer zum Abschmecken

1 EL Butter

4 Schweinekoteletts von jeweils etwa 200 g Gewicht

½ Tasse (60 ml) Weißwein

¾ Tasse (175 ml) Gemüsebrühe (siehe Seite 55)

2 EL griechischer Jogurt

2 EL Estragon, fein gewiegt

1. Den Backofen auf 200° C (Gas: Stufe 6) vorheizen.

2. Die Pflaumen halbieren und entsteinen. In Schnitze schneiden. Mit dem Ingwer mischen und mit Salz und Pfeffer abschmecken. Das Ganze in eine schwach geölte, feuerfeste Auflaufform geben und ausstreichen.

3. Etwa 15 Minuten backen.

4. Butter und Pflanzenöl zusammen in einer Bratpfanne erhitzen. Die Koteletts darin von beiden Seiten anbraten, bis sie braun sind. Dann auf die Pflaumenmischung geben.

5. Den Fond in der Pfanne mit Weißwein ablöschen und bei starker Hitze auf die Hälfte einkochen. Mit der Gemüsebrühe aufgießen und nochmals 2 Minuten einkochen. Die Sauce über die Koteletts gießen.

6. Im Backofen etwa 30 Minuten backen, bis die Kotcletts weich sind.

7. Einen Klecks Jogurt und ein wenig Estragon auf die Koteletts geben und auf Tellern servieren.

Wie schön es ist, nichts zu tun, und danach eine Pause zu machen.

Auflauf von Schweinefleisch und Pastinaken

In diesem wärmenden Wintergericht schaffen die Äpfel den Ausgleich zur Yang-Energie des Fleisches.

Jahreszeit:
Winter

Kochzeit:
55–65
Minuten

2 EL Olivenöl

4 magere Schweinekoteletts

450 g Pastinaken, geschält und in dünne Scheiben geschnitten

Salz und Pfeffer zum Abschmecken

225 g Spinat, grob geschnitten

2 mittelgroße, leicht säuerliche Kochäpfel (Boskop), geschält, entkernt und in Scheiben geschnitten

1. Den Backofen auf 180° C (Gas: Stufe 4) vorheizen.

2. Das Öl in einer Pfanne erhitzen und die Schweinekoteletts auf beiden Seiten leicht bräunen. Die Koteletts aus der Pfanne nehmen. Das Öl in der Pfanne lassen.

3. Mit ein wenig Bratfett den Boden einer feuerfesten Auflaufform ausstreichen und etwa die Hälfte der Pastinaken hineingeben. Die Pastinaken mit Salz und Pfeffer würzen. Die Koteletts darauf legen.

4. Den Spinat mit den Apfelscheiben vermischen und das Ganze auf die Koteletts geben. Das Gemüse noch einmal mit ein wenig Salz und Pfeffer würzen. Die verbleibenden Pastinaken darüber schichten und den Deckel aufsetzen. Im Backofen etwa 30 Minuten backen.

5. Den Deckel von der Form nehmen, das verbliebene Bratfett über die Pastinaken streichen. Zurück in den Ofen stellen und – ohne Deckel – 15 Minuten bräunen lassen. In der Auflaufform servieren.

Leber mit Orange

*Dieses Gericht schenkt Kranken und
Rekonvaleszenten Yang-Energie.*

Jahreszeit:
Sommer

Kochzeit:
15–25
Minuten

4 EL feines Weizenmehl

**Salz und Pfeffer zum
Abschmecken**

2 TL Salbei, fein gewiegt

**450 g Lammleber, in dünne
Scheiben geschnitten**

1 EL Pflanzenöl

**2 Tassen (225 g) Zwiebeln,
geschält und fein gehackt**

**Saft und geriebene Schale von
2 großen Orangen**

GARNIERUNG:

Orangenschnitze

frischer Salbei, fein gewiegt

1. Das Mehl mit Salz und Pfeffer mischen. Den Salbei zugeben und alles gut verrühren. Die Leber im gewürzten Mehl wenden.
2. Das Öl in einer schweren Pfanne erhitzen. Zwiebel zugeben und 3–4 Minuten lang bräunen.
3. Die Leber zugeben und über starker Flamme 5–6 Minuten unter ständigem Rühren anbraten.
4. Die Hitze reduzieren und Orangensaft und -schale zugeben. Die Hitze wieder erhöhen. Darauf achten, dass der Saft nicht zu kochen beginnt.
5. Mit Orangenschnitzen und frischem Salbei garnieren und heiß servieren.

Lamm mit Minze und Jogurt

*Ein köstliches Hauptgericht für den Sommer – nahrhaft, aber nicht
zu schwer. Reichen Sie dazu Tomatensalat mit Zwiebeln.*

Jahreszeit:
Sommer

Kochzeit:
10–15
Minuten
zuzüglich
Zeit fürs
Marinieren

**450 g Lammschnitzel, sehr
dünn geschnitten**

6 EL griechischer Jogurt

**1 Knoblauchzehe, geschält
und mit der flachen Seite des
Messers zerdrückt**

**4 EL frische grüne Minze
(Mentha spicata), gehackt**

2 EL Zitronensaft

**Salz und Pfeffer zum
Abschmecken**

1. Aus Jogurt, Knoblauch, Minze, Zitronensaft, Salz und Pfeffer eine Marinade rühren. Die Lammschnitzel damit übergießen und im Kühlschrank etwa 2–3 Stunden ziehen lassen.
2. Die Lammschnitzel auf jeder Seite 3–4 Minuten grillen oder braten, bis sie braun sind. Heiß servieren.

Rindfleisch-Gemüse-Eintopf

Ein stark wärmendes Yang-Gericht für einen kühlen Herbsttag. Eine Belohnung für harte Arbeit im Garten.

Jahreszeit:
Herbst

Kochzeit:
$2^1/_4 - 2^1/_2$
Stunden

4 EL feines Weizenmehl

Salz und Pfeffer zum Würzen

450 g Rindfleisch zum Schmoren (Lende oder Nuss), in Würfel geschnitten

1 EL Pflanzenöl

3 Tassen (350 g) Karotten, geschält und klein geschnitten

550 g Kohlrüben, geschält und in kleine Würfel geschnitten

4 Stangen Staudensellerie, klein geschnitten

225 g kleine Zwiebeln, geschält

1 Knoblauchzehe, geschält und mit der flachen Seite des Messers zerdrückt

2½ Tassen (600 ml) Gemüsebrühe (siehe Seite 55)

Saft und geriebene Schale von 1 Orange

⅔ Tasse (150 ml) Rotwein

2 größere Zweiglein Rosmarin

einige Rosmarinnadeln zum Garnieren

1. Den Backofen auf 170° C (Gas: Stufe 3) vorheizen.
2. Das Mehl mit Salz und Pfeffer mischen. Das Fleisch im gewürzten Mehl wenden, bis es gut bedeckt ist.
3. Das Öl in einer großen, feuerfesten Kasserolle erhitzen. Die Fleischwürfel dazugeben und unter ständigem Rühren braun anbraten. Das Fleisch herausnehmen und abtropfen lassen.
4. Karotten, Kohlrüben, Staudensellerie, Zwiebeln und Knoblauch in den Topf geben und etwa 5 Minuten lang dünsten.
5. Mit der Gemüsebrühe ablöschen. Orangenschale und -saft, Wein und Rosmarin zufügen. Am Ende das Fleisch wieder hinein geben und zum Kochen bringen. Bei geschlossenem Deckel im Backofen etwa 2 Stunden garen lassen, bis das Fleisch ganz durch und weich ist.
6. Mit Rosmarin garniert servieren.

Gebratenes Huhn mit Zucchini

Dieses leichte Rezept sollte mit frischem Huhn aus artgerechter Freilandhaltung zubereitet werden. Der Reis bringt ein ausgewogenes Yin-Yang-Verhältnis.

Jahreszeit:
Frühling

Kochzeit:
10–20
Minuten

1 TL Pflanzenöl

1 Knoblauchzehe, geschält und fein gehackt

750 g Zucchini, in feine Streifen geschnitten

450 g gekochtes Huhn, in Streifen geschnitten

¼ Tasse (45 ml) süße Sahne

Salz und Pfeffer zum Abschmecken

1. Das Öl in einer hohen Pfanne erhitzen und den Knoblauch zufügen. Einige Sekunden andünsten, dann die Zucchini zugeben und weitere 2 Minuten schmoren lassen.
2. Das Huhn hineingeben und anbraten, bis es warm ist. Dann die Hitze reduzieren. Mit Sahne aufgießen und mit Salz und Pfeffer würzen.

Auflauf mit Huhn und Äpfeln

Ein wärmendes, nahrhaftes Herbstgericht.

Jahreszeit:
Herbst

Kochzeit:
1¼–1½
Stunden

2 EL Olivenöl

4 Teile vom Huhn, jedes etwa 225 g schwer

900 g Wurzelgemüse nach Jahreszeit, z.B. Pastinaken, Kohlrüben, Steckrüben etc., geschält und in Würfel geschnitten

3 Tassen (350 g) Zwiebeln, geschält und fein gehackt

⅔ Tasse (100 g) grüne Linsen

2 kleine Kochäpfel (Boskop), geschält, entkernt und in Scheiben geschnitten

knapp 1 Tasse Apfelsaft

1¼ Tassen (300 ml) Hühnerbrühe (siehe Seite 55)

Salz und Pfeffer zum Abschmecken

1. Den Backofen auf 190° C (Gas: Stufe 5) vorheizen.
2. Das Öl in einer großen, feuerfesten Kasserolle erhitzen. Das Huhn braun anbraten, herausnehmen und abtropfen lassen.
3. Das Gemüse und die Zwiebeln zugeben und in der Kasserolle 5 Minuten andünsten.
4. Linsen, Äpfel, Apfelsaft und Hühnerbrühe zufügen und zum Kochen bringen. Mit Salz und Pfeffer abschmecken und das Huhn wieder in den Topf geben.
5. Zugedeckt etwa 1 Stunde lang im Ofen schmoren lassen, bis das Huhn weich und gar ist.

Salat von gegrilltem Huhn

Dieser leichte Salat mit Hühnerfleisch ist wunderbar für ein sommerliches Picknick.

Jahreszeit:
Sommer

Kochzeit:
20–30
Minuten
zuzüglich
Kühlzeit

2 große, reife Tomaten, halbiert

6 EL Olivenöl

4 Hühnerbrustfilets (ohne Haut), jedes ca. 100 g schwer

1 Schalotte, geschält und fein gehackt

4 TL weißer Weinessig

2 EL süße Sahne

1 EL frisches Basilikum, fein gewiegt

Salz und Pfeffer zum Abschmecken

BEILAGE:

gemischter Salat aus Kopfsalat, Tomaten, Oliven und Frühlingszwiebeln

1. Die Tomaten grillen, bis ihre Haut schwarz zu werden beginnt. Die Haut abziehen und Tomaten mit ein wenig Olivenöl im Mixer zu einer cremigen Paste pürieren.

2. Die Hühnerbrustfilets mit Olivenöl bestreichen und auf den Grill legen. Etwa 8 Minuten grillen, bis sie weich und gar sind.

3. Die Filets wenden, mit der Tomatenpaste bestreichen und weitere 5 Minuten grillen, bis das Tomatenpüree einen leicht braunen Ton annimmt. Zugedeckt auskühlen lassen, dann im Kühlschrank mindestens 1 Stunde lang kühl stellen.

4. Mit dem Schneebesen Olivenöl, Weinessig, Sahne, Schalotten und Basilikum verrühren. Die Sauce mit Salz und Pfeffer abschmecken.

5. Die Hühnerbrustfilets in feine Scheiben schneiden, anrichten und mit dem Dressing übergießen. Mit gemischtem Salat servieren.

Entensalat mit Bohnen

Dieser Yang-Salat ist ein wundervoll erfrischendes Mittagsmahl für einen Sommertag.

Jahreszeit:
Sommer

Kochzeit:
15–25 Minuten zuzüglich Kühlzeit

100 g grüne Bohnen, geputzt

100 g frische Limabohnen

75 g Brunnenkresse

1 Orange, geschält, geputzt und in feine Scheiben geschnitten

½ Tasse (50 g) schwarze Oliven

4 Entenbrustfilets

1 EL Olivenöl

1 EL Orangensaft

Salz und Pfeffer zum Abschmecken

1. Die Bohnen im Einsatz dämpfen, bis sie gerade weich sind. In eine Schüssel geben und abkühlen lassen.

2. Brunnenkresse, Orangenscheiben und Oliven zufügen.

3. Kurz vor dem Servieren die Entenbrustfilets auf jeder Seite etwa 4–5 Minuten lang grillen. In Streifen schneiden und unter den Salat heben.

4. Öl und Orangensaft mischen, mit Salz und Pfeffer abschmecken. Das Dressing unmittelbar vor dem Servieren über den Salat geben.

DAS TAO DES FISCHS

Zwischen Flussfischen und Meeresfischen gibt es einen grundlegenden Unterschied: Flussfische sind eher yin, die Meeresfische – auf Grund ihres höheren Salzgehaltes – stärker yang. Insgesamt aber sind beide Typen vergleichsweise ausgewogen. Obwohl sie im Allgemeinen als yang einzustufen sind, stehen sie zwischen den Extremen.

Fischen und das Tao

Fischen ist eine wahrhaft taoistische Beschäftigung. Beim Fischen akzeptiert man, was ist, ist geduldig und doch aktiv und wird so zu einem Teil der Umgebung. Man genießt es, entspannt sich und sorgt doch für sich selbst.

Am besten bereitet man den Fisch sofort nach dem Fangen am Ufer zu. Müssen Sie Ihren Fisch kaufen, dann achten Sie darauf, dass er möglichst frisch ist. (Tiefkühlfisch ist voll negativer Energie und sollte gemieden werden.) Den besten Fisch erhalten Sie von den Fischern, die ihren Fang am Kai verkaufen, wenn sie abends in den Hafen zurückkehren.

Wie man Fisch kocht

Kleine ganze Fische werden in einer Pfanne mit etwas Butter gebraten und so serviert. Wenden Sie sie zuerst in ein wenig Mehl, wenn Sie das möchten. Beim Braten drehen Sie sie nur einmal um, damit sie auf beiden Seiten braun werden.

Lecker wird Fisch auch, wenn Sie ihn dünsten. Legen Sie den Fisch in eine mit Butter bestrichene, feuerfeste Form oder eine flache Pfanne. Gießen Sie mit ein bisschen Wasser oder Wein auf und bringen Sie ihn sachte zum Kochen. Dann garen Sie ihn bei geschlossenem Deckel ein paar Minuten, bis das Fleisch sich leicht von den Gräten löst.

Yin- und Yang-Fische

Je dunkler der Fisch (z.B. Thunfisch), umso stärker yang ist er. Je fetter er ist (z.B. Makrele), umso mehr Yin besitzt er. Hochseefisch wie Kabeljau ist im Allgemeinen mehr yang als Fische aus flacheren Gewässern wie Seezunge und Scholle. Ebenso sind Süßwasserfische wie Sardelle und Forelle stärker yin als Salzwasserfische wie der Rote Schnapper. Meeresfrüchte sind eher yang, aber Krebse, Hummer und andere Schalentiere sind stark yin.

Fisch sollte nur ganz kurz gegart werden, wenn man den Yang-Aspekt erhalten will. Seine Energie schlägt nämlich schnell in Yin um. Garen Sie Lachs zu lange, so kann das Verdauungsstörungen hervorrufen, weil die Yang-Energie verloren gegangen ist.

Meeresfrüchte und Fisch sind eine wertvolle Eiweißquelle. In der taoistischen Küche gelten sie als yang. Man verzehrt sie möglichst frisch aus dem Meer, Fluss oder See.

陽

Kein Wind,
keine Wellen.

Gegrillte Forelle mit Linsen

Dieses Gericht dient als leichtes, wärmendes Abendessen. Benutzen Sie dazu die kleinen, dunklen Puy-Linsen. Sie gelten als die besten.

Jahreszeit:
Frühling

Kochzeit:
35–45
Minuten

1½ EL Olivenöl

1 Zwiebel, geschält und fein gehackt

2 Knoblauchzehen, geschält und in Scheiben geschnitten

1 Tasse (175 g) Puy-Linsen

½ Tasse (90 ml) Gemüsebrühe (siehe Seite 55)

½ Tasse (90 ml) Weißwein

Salz und Pfeffer zum Abschmecken

Saft von ½ Zitrone

4 Regenbogenforellen

1. 1 Esslöffel Öl in einer Pfanne erhitzen. Zwiebel- und Knoblauchstückchen zugeben und 5 Minuten lang weich werden lassen.
2. Die Linsen unterrühren. Mit Gemüsebrühe und Wein aufgießen und zum Kochen bringen. Die Hitze zurücknehmen und bei geschlossenem Deckel etwa 30 Minuten köcheln lassen, bis die Flüssigkeit ganz aufgesogen ist. Mit Salz und Pfeffer abschmecken.
3. Das restliche Öl mit dem Zitronensaft verrühren und den Fisch damit bestreichen.
4. Wenn die Linsen etwa 20 Minuten gekocht haben, den Fisch auf dem Grill auf jeder Seite 4 Minuten braten.
5. Den Fisch auf den Linsen servieren.

Tagliatelle mit Lachs und Spinat

Diese wohlschmeckende Mahlzeit strotzt nur so vor Vitaminen und Mineralstoffen. Die harmonischen Farben signalisieren ein vollendetes Gleichgewicht zwischen Yin und Yang.

Jahreszeit:
Sommer

Kochzeit:
10–15
Minuten

350 g frische Tagliatelle (lange Bandnudeln)

6 EL Olivenöl

1 Zwiebel, geschält und fein gehackt

175 g Zucchini, in schmale Streifen geschnitten

350 g Spinat, grob geschnitten

350 frischer Lachs, gekocht und von den Gräten befreit

Saft von 1 Zitrone

Salz und Pfeffer zum Abschmecken

1. Die frischen Nudeln in kochendes Wasser geben und etwa 8 Minuten kochen.
2. In der Zwischenzeit das Öl in einer Pfanne erhitzen, die Zwiebelstückchen zugeben und 5 Minuten andünsten, bis sie weich sind.
3. Die Zucchini zufügen und weitere 2 Minuten garen. Den Spinat unterheben und weiter schmoren, bis er weich ist. Dann den Fisch und den Zitronensaft unterrühren.
4. Sobald die Nudeln fertig sind, Wasser durch ein Sieb abgießen und Nudeln unter die Lachs-Spinat-Mischung heben. Mit Salz und Pfeffer abschmecken und servieren.

Fisch-Käse-Auflauf

Dieses köstliche, sättigende Gericht kann mit Kartoffeln und grünem Gemüse wie Brokkoli oder Grünkohl serviert werden.

 **Jahreszeit:**
Herbst

Kochzeit:
35–45
Minuten

750 g Schellfisch- oder Kabeljaufilets

2½ Tassen (600 ml) Milch

4 EL (50 g) Butter

gut ½ Tasse (50 g) feines Weizenmehl

225 g mittelalten Hartkäse, z.B. Cheddar oder Gouda, gerieben

Salz und Pfeffer zum Abschmecken

4 Tomaten, in Scheiben geschnitten

1. Den Backofen auf 180° C (Gas: Stufe 4) vorheizen.
2. Die Milch in eine flache Pfanne gießen und den Fisch darin etwa 10 Minuten köcheln lassen, bis er fast gar ist. Den Fisch herausnehmen und auf einen Teller legen. Die Milch aufbewahren.
3. Die Butter in einer Kasserolle zum Schmelzen bringen, das Mehl einrühren. Nach 1 Minute vom Herd nehmen und immer wieder ein paar Esslöffel Milch zugeben. Dabei ständig rühren, damit sich keine Klumpen bilden.
4. Wenn die Milch vollständig untergerührt ist, den geriebenen Käse unterziehen. Dabei 2–3 Esslöffel für die Garnierung zurückbehalten. Unter ständigem Rühren zum Kochen bringen. Mit Salz und Pfeffer abschmecken.
5. Die Käsesauce über den Fisch gießen, die Tomatenscheiben obenauf legen. Alles mit dem restlichen geriebenen Käse bestreuen.
6. Im Backofen etwa 20 Minuten backen. Heiß servieren.

Benutze nie beide Füße, wenn du die Tiefe des Flusses heraus-finden willst.

Makrele in Cidre gebacken

Zur Makrelensaison ein fabelhaftes Mittagsmahl. Makrele und Cidre sollten möglichst frisch sein.

Jahreszeit:
Herbst

Kochzeit:
50–60
Minuten

4 EL Cidre

1 Zwiebel, geschält und in Scheiben geschnitten

1 Lorbeerblatt

1 Zweiglein Petersilie

1 Zweiglein Thymian

6 Pfefferkörner

1 Prise Salz

4 große, frische Makrelen, ausgenommen

⅔ Tasse (150 g) Naturjogurt

1 EL brauner Rohrzucker (Muscovado)

1 EL Fenchelkraut, fein gehackt

Zitronenschnitze zum Garnieren

1. Ofen auf 180° C (Gas: Stufe 4) vorheizen.
2. 3 Esslöffel (45 ml) Cidre und 1¼ Tassen (300 ml) Wasser in eine weite, flache Pfanne gießen. Zwiebel, Pfefferkörner, Kräuter und Salz zugeben. Zum Kochen bringen, dann die Hitze zurücknehmen und etwa 20 Minuten köcheln lassen.
3. Die Makrelen in eine flache, feuerfeste Auflaufform legen und mit der Flüssigkeit übergießen. Bei geschlossenem Deckel etwa 25 Minuten im Backofen garen.
4. Den Fisch auf eine vorgewärmte Servierplatte legen und warm stellen.
5. Jogurt, Zucker, 1 Esslöffel Cidre und das Fenchelgrün in eine kleine, feuerfeste Schüssel geben und in kochendem Wasser (Wasserbad) vorsichtig erhitzen. Die Saucenzutaten im Mixer glatt rühren und die Sauce über den Fisch gießen. Mit Zitronenschnitzen garniert heiß servieren.

Lachs mit Senfsauce

Ein sehr leichtes, yang-betontes Mahl, das an wärmeren Wintertagen erfrischt, wenn man keinen Appetit auf eine schwere Mahlzeit hat.

Jahreszeit:
Winter

Kochzeit:
20–30
Minuten

1,1 kg Lachsmittelstück

¾ Tasse (175 g) Butter, geschmolzen

3 EL mittelscharfer Senf

4 EL gehackter Dill

Salz und Pfeffer zum Abschmecken

300 g frischer Spinat

1. Den Backofen auf 230° C (Gas: Stufe 8) vorheizen.
2. Den Lachs am Bauch öffnen, entgräten, mit der Haut nach oben in eine feuerfeste Form geben.
3. Butter, Senf und Dill verrühren. Mit Salz und Pfeffer abschmecken. Den Lachs damit bestreichen und im Backofen etwa 20 Minuten garen.
4. In der Zwischenzeit den Spinat in ganz wenig Wasser dünsten, bis er weich ist, und abgießen. Auf einer Servierplatte anrichten. Den Lachs in dicke Scheiben schneiden und auf dem Spinat servieren. Vorher mit einem Löffel die Senfbutter darauf verteilen. Heiß servieren.

Fisch-Stew

Ein wunderbar wärmendes Yang-Gericht, mit dem Sie dem winterlichen Schnupfen den Kampf ansagen. Der Fisch sollte möglichst frisch sein.

Jahreszeit:
Winter

Kochzeit:
40–50
Minuten

1 Prise Safranfäden

½ Tasse (90 ml) Olivenöl

2 große Zwiebeln, geschält und gehackt

4 Knoblauchzehen, geschält und gehackt

1 rote Paprikaschote, von den Kernen befreit und in feine Streifen geschnitten

900 g Tomaten, klein geschnitten

1¼ Tassen (300 ml) Weißwein

6 EL Basilikum, gewiegt

4 Lorbeerblätter

1,8 kg gemischter Fisch z. B. Scholle, Meerbarbe, Kabeljau und Seeteufel

Salz und Pfeffer zum Abschmecken

24 Garnelen, gekocht und aus der Schale gelöst

150 g Muscheln, gekocht, ohne Schale

8 Scheiben Toast

1. Die Safranfäden mit kochendem Wasser übergießen und 30 Minuten ziehen lassen.
2. In der Zwischenzeit das Öl in einer Kasserolle erhitzen, Zwiebeln, Knoblauch und Paprika hinzugeben. Etwa 5 Minuten andünsten.
3. Die Tomaten zufügen und gut umrühren. Mit dem Wein und 1¼ Tassen Wasser aufgießen.
4. Zum Kochen bringen, die Hitze reduzieren und Lorbeerblätter und Basilikum zugeben. Etwa 20 Minuten leicht köcheln lassen.
5. Den Fisch in Stücke schneiden. Weniger weiche Sorten jetzt in die Kasserolle geben. Mit Safranwasser auffüllen, mit Salz und Pfeffer abschmecken und 10 Minuten garen.
6. Weichere Fischsorten zusammen mit den Garnelen und den Muscheln zugeben und 5 Minuten köcheln lassen.
7. Lorbeerblätter herausnehmen und warm stellen.
8. Den Toast rösten, in kleine Würfel schneiden und auf vier große Suppentassen verteilen. Den Eintopf löffelweise darüber geben und heiß servieren.

Thunfisch-Steaks mit Basilikumbutter

Dieses leichte, erfrischende Sommergericht ist schnell zuzubereiten, braucht aber ein wenig Zeit zur Vorbereitung.

Jahreszeit:
Sommer

Kochzeit:
15–25 Minuten zuzüglich Zeit fürs Marinieren

4 Thunfischsteaks, jedes etwa 175 g schwer

6 EL Olivenöl

2 Knoblauchzehen, geschält und mit der flachen Seite des Messers zerdrückt

2 EL Balsamico-Essig

2 EL Kräuter wie Thymian und Petersilie, gehackt

Salz und Pfeffer zum Abschmecken

6 EL (75 g) ungesalzene Butter, geschmolzen

2 EL frisch geriebener Parmesan

1 EL Sherry-Essig

6 frische Basilikumblätter, fein gehackt

frische Kräuter zum Garnieren

1. Die Thunfischsteaks in eine flache, feuerfeste Auflaufform legen.
2. Olivenöl, Knoblauch, Balsamico-Essig und die Kräuter verrühren. Das Ganze mit Salz und Pfeffer abschmecken. Die Thunfischsteaks damit begießen, so dass sie von allen Seiten gut bedeckt sind. 3 Stunden lang im Kühlschrank marinieren.
3. Die Butter mit dem Parmesan, dem Sherry-Essig und dem Basilikum verrühren.
4. Die Steaks aus dem Kühlschrank nehmen und 12–15 Minuten lang grillen, dabei öfters wenden. Dabei immer wieder mit der Parmesanbutter bestreichen. Mit frischen Kräutern garnieren und sofort servieren.

Gegrillter Hummer

Eine exquisite, leichte Sommermahlzeit für besondere Gelegenheiten. Wunderbar, wenn Sie an einem warmen Tag draußen essen wollen.

Jahreszeit:
Sommer

Kochzeit:
5–10 Minuten

4 Stück gekochter Hummer von jeweils ca. 450 g

Salz und Pfeffer zum Abschmecken

4 EL (50 g) Butter, geschmolzen

Zitronenschnitze zum Garnieren

1. Das Fleisch aus der Hummerschale lösen – die Scheren dabei nicht vergessen! Mit ein wenig Salz und Pfeffer bestreuen und mit geschmolzener Butter bestreichen.
2. Bei mittlerer Hitze etwa 5 Minuten grillen, dabei öfters wenden.
3. Auf einer warmen Platte mit Zitronenschnitzen garniert servieren.

Salat von Kartoffeln und Garnelen

Diese Mahlzeit verbindet den Geschmack junger Kartoffeln mit dem frischer Garnelen, die erst kurz vor dem Servieren zugegeben werden.

Jahreszeit:
Sommer

Kochzeit:
35–45
Minuten
zuzüglich
Zeit fürs
Abkühlen

450 g neue Kartoffeln

2 Hand voll frische grüne Minze

450 g Limabohnen

¾ Tasse (175 g) Naturjogurt

⅔ Tasse (150 ml) Majonäse

Salz und Pfeffer zum Abschmecken

225 g gekochte Garnelen, geschält

1. Die Kartoffeln in kochendem Wasser mit der Hälfte der Minze etwa 25 Minuten kochen. Abgießen und auskühlen lassen.
2. Die Bohnen dämpfen, bis sie weich sind. Auskühlen lassen. In der Zwischenzeit die Kartoffeln in Scheiben schneiden und zu den Bohnen geben.
3. Jogurt und Majonäse verrühren. Die restliche Minze fein hacken und unterziehen.
4. Kartoffeln und Bohnen unter diese Mischung heben. Mit Salz und Pfeffer abschmecken.
5. Kurz vor dem Servieren das Garnelenfleisch unterziehen.

Scholle oder Flunder Véronique

Ein leichtes Herbstgericht mit einem ausgewogenen
Yin-Yang-Verhältnis. Es sättigt und erfrischt zugleich.

Jahreszeit:
Herbst

Kochzeit:
15–25
Minuten

175 g kernlose grüne
Weintrauben

8 große Flunder- bzw.
Schollenfilets von ca. 100 g,
enthäutet

6 EL Weißwein

6 EL Fischfond

2 TL Basilikum, fein gehackt

4 Lorbeerblätter

1 TL Stärkemehl

6 EL Milch

Salz und Pfeffer zum
Abschmecken

2 EL griechischer Jogurt

1. Auf jedes Fischfilet 4 Weinbeeren legen. Das
   Filet zusammenrollen, mit einem Zahnstocher
   fixieren und in eine weite, hohe Pfanne geben.

2. Wein, Fischfond, Basilikum und Lorbeerblätter
   verrühren und über die Filets gießen.

3. Zum Kochen bringen, dann die Hitze zurücknehmen. Bei geschlossenem Deckel 10 Minuten
   köcheln lassen, bis der Fisch gar ist. Die Filets
   aus der Pfanne nehmen, Zahnstocher entfernen
   und warm stellen. Lorbeerblätter herausnehmen.

4. Das Stärkemehl mit der Milch verrühren und in
   den Sud einrühren. Salz und Pfeffer hinzufügen
   und aufkochen lassen. Dabei ständig rühren, bis
   die Flüssigkeit andickt. Etwa 5 Minuten sanft
   köcheln lassen.

5. Den Jogurt unterrühren, restliche Weinbeeren
   dazugeben und das Ganze über die Filets gießen.

Seeteufel mit Speck und Süßkartoffeln

Dieses schmackhafte Abendessen ist genau das Richtige, wenn es kalt
wird und wir etwas Warmes brauchen, um fit zu bleiben.

Jahreszeit:
Herbst

Kochzeit:
45–55
Minuten

750 g Seeteufelfilet

8 dünne Scheiben
durchwachsener Speck

Saft von ½ Zitrone

Salz und Pfeffer zum
Abschmecken

750 g Süßkartoffeln, mit der
Gemüsebürste geputzt

2 rote Zwiebeln, geschält und
gehackt

12 Knoblauchzehen, geschält

2 Rosmarinzweiglein

4 EL Olivenöl

225 g kleine Tomaten

In fließendem
Wasser können
wir unser
Spiegelbild nicht
sehen. Erst in
ruhigem Wasser
erkennen wir uns
selbst.

1. Den Backofen auf 230° C (Gas: Stufe 8)
   vorheizen.

2. Den Seeteufel waschen und trocken tupfen. In
   4 große Stücke schneiden. Jedes Stück in zwei
   Speckscheiben einwickeln. Mit Zitronensaft
   beträufeln und leicht salzen und pfeffern.

3. Die Süßkartoffeln halbieren und in Achtel
   schneiden. Zusammen mit den Zwiebeln, dem
   Knoblauch und den Rosmarinzweigen in eine
   große Auflaufform geben. Mit Salz und
   Pfeffer würzen und das Olivenöl darüber
   gießen. Im Ofen etwa 15 Minuten lang garen.

4. Die Form aus dem Ofen nehmen und die
   Seeteufelfilets auf dem Gemüse anrichten. Mit
   einigen Süßkartoffelstücken bedecken und
   wieder in den Ofen schieben. 30 Minuten lang
   braten, bis der Fisch weich und gar ist.

5. Heiß mit den Tomaten servieren.

DAS TAO DES REISES

Sowohl der Reis als auch der Taoismus stammen ursprünglich aus China. Beide haben sich über die ganze Welt ausgebreitet. Es ist kein Zufall, dass sie sehr viel miteinander zu tun haben. Die Chinesen verwenden sogar ein und dasselbe Wort – *tao* – für beides. *tao* bedeutet darüber hinaus auch »Weg« oder »Pfad«. Ein Pfad, der durch Feuer und Wasser (denn beides gehört zum Reiskochen) und zu Veränderungen führt. Schließlich ist Reis ein äußerst anpassungsfähiges Nahrungsmittel.

In diesem Buch geht es darum nach den Prinzipien des Tao zu kochen, dies entspricht nicht der chinesischen Küche. Trotzdem macht es Sinn, einen Blick auf die Garmethoden zu werfen, welche die Chinesen für ihr Hauptnahrungsmittel entwickelt haben.

Reis wird in China auf drei Arten zubereitet:

1. WEICHER REIS. Hierfür kocht man Reis etwa 1,5 Stunden in Wasser. Sie brauchen dazu acht Mal so viel Wasser wie Reis. Weichen Reis nennt man auch »Congee«. Er wird mit stark würzigen Nahrungsmitteln wie Schinken oder gesüßt zum Frühstück verzehrt.

2. GEDÄMPFTER REIS. Hier brauchen Sie etwa zweieinhalb Mal so viel Wasser wie Reis und einen Dämpfeinsatz aus Bambus. Der Reis wird gewaschen und in den Einsatz gefüllt. Dann hängt man diesen über einen Topf mit kochendem Wasser. Wenn Sie keinen Dämpfeinsatz haben, dann schütten Sie den Reis ins kochende Wasser, reduzieren die Hitze und legen sofort den Topfdeckel auf. Lassen Sie den Reis nun in seiner eigenen Hitze ziehen, bis er gar ist. Gedämpfter Reis wird zum Mittag- und Abendessen serviert. Auch heute noch ist er das wichtigste Nahrungsmittel Chinas.

3. FESTER REIS. Er wird auf dieselbe Art zubereitet wie Congee, nur nimmt man hier Rundkornreis. Fertig gekocht wird der Reis zu kleinen Kuchen geformt und als Häppchen zwischendurch gegessen. Fester Reis dient häufig als Grundlage für leckere Kuchen. Mit Trockenfrüchten, Nüssen und aromatischen Gewürzen vermischt ähnelt er sehr dem Milchreis, den man im Westen gern isst. Er ist nur etwas fester und trockener.

Gebratener Reis, den viele Menschen für den Inbegriff des Chinesischen halten, ist in China unbekannt. Er ist eine Erfindung des Westens zur Verwertung überzähliger Reisportionen. Obwohl er in chinesischen Restaurants im Westen serviert wird, würde man ihn in China höchstens hungrigen Kindern als Zwischenmahlzeit anbieten.

Reissorten

Vielleicht möchten Sie mit den verschiedenen Reissorten ein
wenig experimentieren. Der Basmati ist ein langkörniger Reis mit
natürlichem Duft und Aroma. Er wird in Indien am Fuße des
Himalaya angebaut. Italienischer Reis, der so genannte »Arborio-
Reis«, eignet sich hervorragend für Risotto. Patna-Reis ist ein
naturweißer Langkornreis, der sich sehr trocken kochen lässt,
so dass er sich ausgezeichnet für Pilaw und Reissalat eignet.
Milchreis wird am besten mit Java-Reis, einer Art kurzem
Langkornreis, der beim Kochen sehr aufquillt. Wilder Reis ist
eigentlich gar kein Reis, sondern ein Wassergras aus Nordamerika.
Sein intensiv nussiger Geschmack macht ihn allerdings als Beilage
sehr begehrt.

Reis waschen

Welchen Reis Sie auch immer auswählen, das Wichtigste ist, dass
Sie ihn nicht zu gründlich waschen. Im Westen lernen wir, dass
wir den Reis ausgiebig waschen müssen, aber leider tut ihm das
nicht besonders gut. In der Außenhülle des Reiskorns sitzt eine
Menge Vitamin B, das wesentlich zu unserer Gesundheit beiträgt.
Das Waschen schwemmt dieses nützliche Vitamin zu stark aus.

Gebratener Reis

*Reis dient häufig als Beilage. Gebratener Reis ist eine besonders
leckere, wenn auch nicht ursprünglich chinesische Variante.*

● **Jahreszeit:**
Sommer

⏲ **Kochzeit:**
5–10 Minuten

2 EL Pflanzenöl

3 Frühlingszwiebeln, gehackt

100 g Champignons

3 Eier, verquirlt

**½ Tasse (50 g) magerer,
gekochter Schinken, in Würfel
geschnitten**

**½ Tasse (50 g) frische
Schrimps, geschält**

**2½ Tassen (175 g) gekochter
Naturreis, Langkorn**

1. Das Öl in einem Wok oder einer hohen
   Pfanne erhitzen. Frühlingszwiebeln und
   Champignons zugeben und 30 Sekunden
   anbraten.

2. Die Hitze zurücknehmen und die Eier
   zugeben. Zu weichem Rührei braten, dann
   auf einen vorgewärmten Teller geben.

3. Schinken, Schrimps und Reis in die Pfanne
   geben und unter ständigem Rühren
   2 Minuten braten.

4. Die Rühreimischung in die Pfanne
   zurückgeben und eine weitere Minute braten
   lassen.

5. Sofort servieren.

Apfelreis

Eine unübliche, erfrischende Variante
von gebratenem Reis.

Jahreszeit:
Winter

Kochzeit:
50–60
Minuten

2 EL Pflanzenöl

1 großer Kochapfel (Boskop), geschält, entkernt und in Scheiben geschnitten

1 Zwiebel, fein gehackt

gut 1 Tasse (225 g) Langkorn-Naturreis

1 TL Kreuzkümmel, gemahlen

2½ Tassen (600 ml) Gemüsebrühe (siehe Seite 55)

1. Das Öl in der Pfanne erhitzen. Apfelschnitze und Zwiebelstückchen darin etwa 5 Minuten andünsten, bis sie weich sind.

2. Reis und Kreuzkümmel zugeben und 1 Minute rühren. Dann mit Gemüsebrühe aufgießen und das Ganze zum Kochen bringen.

3. Die Hitze zurücknehmen und bei geschlossenem Deckel 35–40 Minuten ziehen lassen, bis die Flüssigkeit ganz aufgesogen und der Reis weich ist.

4. Vor dem Servieren 5 Minuten bedeckt ziehen lassen.

陽

Wer lernt, besitzt einen Schatz, der seinem Besitzer überallhin folgt.

Kräuterreis

Dieses sommerliche Reisgericht passt hervorragend zu Gemüse
und schmeckt auch kalt ausgezeichnet.

Jahreszeit:
Sommer

Kochzeit:
35–45
Minuten

gut 1 Tasse (225 g) Langkorn-Naturreis

¼ TL Meersalz

2 EL Petersilie, fein gewiegt

2 EL grüne Minze, fein gewiegt

2 EL Schnittlauch, fein gewiegt

2 EL Estragon, fein gewiegt

gemahlener schwarzer Pfeffer zum Abschmecken

1. Den Reis waschen und mit 2½ Tassen (600 ml) kaltem Wasser in einen Topf geben. Zum Kochen bringen und bei schwacher Hitze und geschlossenem Deckel weich kochen, bis das Wasser völlig aufgesogen ist.

2. Die Kräuter unterrühren. Mit schwarzem Pfeffer abschmecken und heiß oder kalt servieren.

Gewürzreis

Ein exzellentes veganes Reisgericht, das leicht zuzubereiten ist. Eine wunderbare Beilage zu geschmortem Gemüse wie beispielsweise Ratatouille.

vegan

Jahreszeit:
Winter

Kochzeit:
25–35
Minuten

gut 1 Tasse (225 g) Basmati-Reis

1 Lorbeerblatt

½ Zimtstange

3 Kardamomkapseln, zerdrückt

1 TL Kreuzkümmelsamen

¼ TL Meersalz

schwarzer Pfeffer zum Abschmecken

1. Den Reis waschen und mit 2¹/₂ Tassen (600 ml) kaltem Wasser in einen Topf geben. Lorbeerblatt, Gewürze und Salz zufügen und zum Kochen bringen.
2. Bei schwacher Hitze und geschlossenem Deckel etwa 20 Minuten köcheln lassen, bis der Reis weich und das Wasser aufgesogen ist.
3. Mit schwarzem Pfeffer abschmecken und heiß oder kalt servieren.

Zitronenreis

Dieses erfrischende Frühlingsreisgericht vertreibt den »Winter-Blues« und alle Krankheiten, die Ihnen noch in den Gliedern stecken mögen.

vegan

Jahreszeit:
Frühling

Kochzeit:
45–55
Minuten

gut 1 Tasse (225 g) Langkorn-Naturreis

¼ TL Meersalz

Saft und sehr fein geriebene Schale von ½ Zitrone

gemahlener schwarzer Pfeffer zum Abschmecken

1. Den Reis waschen, Salz zugeben und mit 2¹/₂ Tassen (600 ml) kaltem Wasser in einem Topf aufsetzen. Zum Kochen bringen. Bei geschlossenem Deckel und schwacher Hitze etwa 40 Minuten köcheln lassen, bis der Reis weich und alles Wasser aufgesogen ist.
2. Zitronensaft und -schale zugeben und unterrühren. Mit schwarzem Pfeffer abschmecken und heiß oder kalt servieren.

Früchte-Nuss-Risotto

Reis ist für den Taoisten ein Grundnahrungsmittel. Hier wird er mit einfachen, frischen und energiereichen Zutaten vermischt.

vegan

Jahreszeit:
Herbst

Kochzeit:
10–20
Minuten
zuzüglich
Einweichzeit

175 g getrocknete Aprikosen oder Äpfel oder eine Mischung aus beidem

1 TL Sonnenblumenöl

1 Zwiebel, geschält und fein gehackt

3 Tassen (225 g) gekochter Naturreis

1 TL Piment, gemahlen

Salz und Pfeffer zum Abschmecken

½ Tasse (75 g) Rosinen

½ Tasse (50 g) Mandelblättchen

1. Die Trockenfrüchte in eine Schüssel geben, mit Wasser bedecken und etwa 4 Stunden einweichen.
2. Die eingeweichten Früchte abgießen und grob hacken.
3. Das Öl in einer Pfanne erhitzen, die Zwiebelstückchen zufügen und 5 Minuten glasig werden lassen.
4. Den gekochten Reis und den Piment in die Pfanne rühren. Mit Salz und Pfeffer abschmecken und rühren, bis alles gut warm ist.
5. Früchte und Mandeln unterrühren. Weitere 3–4 Minuten erhitzen. Heiß servieren.

Hühnerrisotto

Dieses Gericht ist ideal für den Spätherbst. Es hilft uns, Energie für den nahenden Winter zu speichern.

Jahreszeit:
Herbst

Kochzeit:
1–1¼
Stunden

2 EL Olivenöl

1 Stange Lauch, in Stücke geschnitten

½ Tasse (50 g) Champignons, geviertelt

gut 1 Tasse (225 g) Langkorn-Naturreis

1½ Tassen (350 ml) Hühnerbrühe (siehe Seite 55)

75 g grüne Bohnen, klein geschnitten

1⅓ Tassen (225 g) gekochtes Huhn, in mundgerechte Stücke geschnitten

2 EL ganze Mandeln

Salz und Pfeffer zum Abschmecken

225 g Naturjogurt

1. Das Öl in einem Topf erhitzen. Den Lauch darin andünsten, bis er weich ist.
2. Die Pilze zufügen und etwa 2 Minuten schmoren lassen. Den Reis unterrühren und weitere 2 Minuten erhitzen. Mit der Hühnerbrühe aufgießen und unter ständigem Rühren zum Kochen bringen. Bei schwacher Hitze etwa 40 Minuten köcheln lassen, bis der Reis weich und die Flüssigkeit aufgesogen ist.
3. Die Bohnen weich dämpfen und zum Reis geben. Huhn und Mandeln unterrühren und das Ganze 2 Minuten schmoren lassen, damit beides durchwärmt. Mit Salz und Pfeffer abschmecken, wenn nötig.
4. Heiß servieren und den Jogurt dazu reichen.

Pilzrisotto mit Nüssen

Dieses einfache Reisgericht kann als Hauptmahlzeit oder als Beilage zu Fleisch oder Fisch serviert werden.

Jahreszeit:
Winter

Kochzeit:
50–60
Minuten

2 EL Olivenöl

1 kleine Zwiebel, geschält und fein gehackt

1 Stange Staudensellerie, fein geschnitten

1 Chicoree, fein gehackt

4 Tassen (225 g) Champignons, in Scheiben geschnitten

¾ Tasse (175 g) Langkorn-Naturreis

⅔ Tasse (150 ml) Weißwein

⅔ Tasse (150 ml) Gemüsebrühe (siehe Seite 55)

Saft von ½ Zitrone

3 EL Cashewkerne

Salz und Pfeffer

1. Das Öl in einer großen, flachen Pfanne erhitzen. Zwiebel, Staudensellerie, Chicoree und Champignons darin etwa 5 Minuten andünsten, bis alles weich ist.

2. Den Reis zugeben und 2 Minuten kochen. Mit Wein und Gemüsebrühe aufgießen und zum Kochen bringen. Dabei immer wieder umrühren. Nun bei schwacher Hitze 40 Minuten köcheln lassen, bis der Reis weich und die Flüssigkeit aufgesogen ist.

3. Zitronensaft und Nüsse hinzufügen. Mit Salz und Pfeffer abschmecken. Heiß servieren.

Reis-Käse-Soufflé

Dieses Gericht ist von schwebender Leichtigkeit, weil das Eiweiß ihm Fülle gibt. Trotzdem werden die Eidotter nicht verschwendet, sondern finden auch Verwendung.

Jahreszeit:
Winter

Kochzeit:
30–40
Minuten

1½ Tassen (175 g) mittelalter Hartkäse, z.B. Cheddar oder Gouda, fein gerieben

gut 1 Tasse (225 g) gekochter Langkorn-Naturreis

½ Zwiebel, geschält und gerieben

1 TL Koriander, gemahlen

1 TL Kreuzkümmel, gemahlen

Salz und Pfeffer zum Abschmecken

2 große oder 3 kleine Eier, Eiweiß und Eigelb getrennt

ein wenig Milch

1. Den Backofen auf 190° C (Gas: Stufe 5) vorheizen. Eine Souffléform einfetten.

2. Käse, Reis, Zwiebeln, Gewürze, Salz und Pfeffer in einer Schüssel vermischen.

3. Die Eidotter zugeben und gut vermischen. Eventuell ein wenig Milch zugeben.

4. Das Eiweiß steif schlagen und vorsichtig unter die Käse-Reis-Mischung heben.

5. Dann die Masse sachte in die Souffléform gleiten lassen. 35 Minuten im Ofen backen, bis das Soufflé schön aufgegangen und leicht gebräunt ist. Aus dem Backofen holen und sofort servieren.

Nüsse, Reis, Getreide und Hülsenfrüchte gehören zu den Grundlagen unserer Ernährung. Sie liefern uns Ballaststoffe und eine ausgewogene Yin-Yang-Energie.

Reisbratlinge

Sie können für dieses Gericht frisch zubereiteten oder übrig gebliebenen Reis verwenden.

Jahreszeit:
Herbst

Kochzeit:
10–20 Minuten

4 EL Pflanzenöl

1 Zwiebel, geschält und fein gehackt

knapp 2 Tassen (100 g) gekochten Langkorn-Naturreis

gemahlene Haselnüsse

1 Tasse (100 g) geriebener Käse

½ TL frisch gehackte Kräuter nach Jahreszeit, z.B. Salbei, Thymian, Oregano

Salz und Pfeffer zum Abschmecken

1 verquirltes Ei

¾ Tasse (50 g) Brot- oder Semmelbrösel

1. 1 EL Öl in einer Pfanne erhitzen. Zwiebeln zugeben und etwa 5 Minuten andünsten, bis sie weich sind.

2. Die Zwiebelstückchen zusammen mit den Nüssen, dem Käse, den Kräutern unter den Reis rühren. Mit Salz und Pfeffer abschmecken.

3. Jeweils 3 Esslöffel von der Mischung zu einer Kugel formen und flach drücken. Die Bratlinge in das verquirlte Ei tauchen und dann in den Semmelbröseln wenden.

4. Das verbleibende Öl in der Pfanne erhitzen und die Bratlinge darin von beiden Seiten goldbraun anbraten.

Gemüse-Reis-Pilaw

Dieses köstliche Gericht kann als Hauptmahlzeit oder als Beilage zu Fleischgerichten verzehrt werden.

vegan

Jahreszeit:
Winter

Kochzeit:
30–40 Minuten zuzüglich Zeit zum Ziehenlassen

gut 1 Tasse (225 g) Basmati-Reis

2 EL Olivenöl

½ TL Kreuzkümmelsamen

2 Lorbeerblätter

4 Kapseln grüner Kardamom

4 Gewürznelken

1 Zwiebel, geschält und fein gehackt

1 Karotte, geschält und fein gehackt

½ Tasse (50 g) frische Erbsen ohne Hülse

½ Tasse (50 g) frisch vom Kolben gelöste Zuckermaiskörner

¼ Tasse (25 g) Cashewkerne, leicht geröstet

¼ TL gemahlener Kreuzkümmel

Salz und Pfeffer zum Abschmecken

1. Den Reis mehrmals waschen, in eine Schüssel geben und mit Wasser bedecken. 30 Minuten einweichen.

2. In der Zwischenzeit das Öl in einer großen Pfanne erhitzen und die Kreuzkümmelsamen hineingeben. Lorbeerblätter, Kardamom und Gewürznelken zugeben und weitere 2 Minuten anrösten.

3. Die Zwiebel in die Pfanne geben und etwa 5 Minuten schwitzen lassen. Dann die Karotten zufügen und weitere 5 Minuten dünsten.

4. Reis abgießen und mit den Erbsen, den Maiskörnern und den Cashewkernen in die Pfanne geben. Etwa 5 Minuten schmoren lassen.

5. Mit 2 Tassen (475 ml) Wasser aufgießen und die restlichen Gewürze zugeben. Mit Salz und Pfeffer abschmecken. Zum Kochen bringen, dann bei geschlossenem Deckel und schwacher Hitze etwa 25 Minuten köcheln lassen, bis das ganze Wasser aufgesogen ist.

6. Vor dem Servieren zugedeckt etwa 10 Minuten ziehen lassen.

Reis-Pilz-Pfannkuchen

Eine wunderbar wärmende vegetarische Reismahlzeit, die uns über die plötzliche Kälte des Herbstanfangs hinwegtröstet.

vegetarisch

● **Jahreszeit:**
Herbst

◯ **Kochzeit**
1¼–1½
Stunden

gut 1 Tasse (225 g) Langkorn-Naturreis

4 EL Olivenöl

3 Tassen (300 g) Champignons, in Scheiben geschnitten

2 Zwiebeln, geschält und gehackt

1 Tasse (100 g) feines Weizenmehl

6 EL Crème fraîche

6 EL Milch

2 große Eier

½ TL gemahlene Muskatnuss

ein wenig Salz und Pfeffer zum Abschmecken

2 Knoblauchzehen, geschält und mit der flachen Seite des Messers zerdrückt

450 g Tomaten, klein geschnitten

½ TL Streuzucker

2 EL frisches Basilikum, fein gewiegt

frische Basilikumblättchen zum Garnieren

1. Den Reis waschen und mit 2½ Tassen (600 ml) kaltem Wasser in einem Topf zum Kochen bringen. Bei schwacher Hitze etwa 40 Minuten köcheln lassen, bis der Reis weich und alles Wasser aufgesogen ist.

2. 1 Esslöffel Olivenöl in einer Pfanne erhitzen, Champignons und die Hälfte der Zwiebelstückchen 7–8 Minuten andünsten.

3. Mehl, Crème fraîche, Milch, Eier und Muskatnuss in einer Schüssel vermischen. Salz und Pfeffer zugeben. Dann den Reis und die Pilze unterrühren.

4. 1 Esslöffel Olivenöl in der Pfanne erhitzen. Die restliche Zwiebel und den Knoblauch darin etwa 3 Minuten glasig werden lassen.

5. Tomaten, Zucker und Wasser zufügen. Zum Kochen bringen, die Hitze reduzieren und etwa 10 Minuten köcheln lassen. Das Basilikum unterrühren und mit Salz und Pfeffer abschmecken.

6. Das restliche Öl in einer zweiten Pfanne erhitzen. ⅓ Tasse Reis-Pilz-Mischung hineingeben, flach streichen und auf jeder Seite 2–3 Minuten braten. Auf diese Weise 8 Pfannkuchen backen. Mit ein paar Basilikumblättchen garnieren und mit Tomatensauce sowie frischem grünem Salat servieren.

> Lausche der Welt,
> zupfe jeder Gans,
> die vorüberzieht,
> eine Feder aus,
> aber folge
> niemandem.

Nussiger Reissalat

Ein schnelles winterliches Reisgericht – nahrhaft und warm.
Gut für Veganer geeignet.

vegan

Jahreszeit:
Winter

Kochzeit:
40–50
Minuten

¾ **Tasse (175 g) Langkorn-Naturreis**

¾ **Tasse (75 g) Haselnüsse, gehackt und geröstet**

1 rote Paprikaschote, von den Kernen befreit und in feine Streifen geschnitten

10 Frühlingszwiebeln, klein geschnitten

4 Stangen Staudensellerie, klein geschnitten

⅔ **Tasse (50 g) Champignons, in Scheiben geschnitten**

3 EL Petersilie, fein gewiegt

1. Den Reis gut spülen und mit 2¹/₂ Tassen (600 ml) kaltem Wasser in einen Topf geben. Zum Kochen bringen, dann bei schwacher Hitze und geschlossenem Deckel etwa 40 Minuten köcheln lassen, bis der Reis weich und das Wasser ganz aufgesogen ist. Nach dem Abgießen gut abtropfen lassen.
2. Alle restlichen Zutaten unter den Reis ziehen und gut durchmischen.
3. Warm oder kalt servieren.

Reiswaffeln

Sie können mit einem Dip gereicht oder als Beilage
zu einer Suppe serviert werden.

Jahreszeit:
alle

Kochzeit:
25–35
Minuten
zuzüglich
1 Nacht zum
Trocknen

¾ **Tasse (175 g) weißer Langkornreis**

Pflanzenöl zum Frittieren und zum Einölen des Backblechs

1. Den Reis waschen und mit 1¹/₂ Tassen (350 ml) Wasser in einem Topf aufsetzen. Zudecken und zum Kochen bringen. Bei schwacher Hitze und geschlossenem Deckel etwa 15 Minuten köcheln lassen, bis das Wasser aufgesogen und der Reis weich ist.
2. Den Reis mit einer Gabel lockern und auf ein eingeöltes Backblech geben. Mit einem großen Löffel flach drücken.
3. Über Nacht bei niedriger Temperatur (110° C oder Gas: Stufe ¹/₄) trocknen lassen.
4. Den gebackenen Reis in waffelähnliche Stücke brechen.
5. Das Öl erhitzen und die Reiswaffeln etwa 1 Minute lang einzeln frittieren, bis sie aufgehen. Abtropfen lassen und servieren oder in einem luftdichten Gefäß aufbewahren.

»Tao« ist das chinesische
Wort für Reis, das
Grundnahrungsmittel
der Chinesen.

DAS TAO VON GEMÜSE UND SALAT

Gemüse

Rein formal gesehen gehört jede Pflanze zum Gemüse – da sie
zumindest keine tierische Nahrung darstellt. Normalerweise
bezeichnen wir aber als Gemüse nur Karotten und Ähnliches.
Gemüse, das unter der Erde wächst, nennen wir »Wurzel«-Gemüse.
Alle Pflanzen sind ihrer Natur entsprechend yin, doch diejenigen,
welche unter der Erde wachsen, haben besonders starke Yin-
Qualitäten.

Yin-Eigenschaften

Natürlich können Sie Ihre Gemüse jederzeit roh essen, wenn Sie
das mögen. Sie sollten nur daran denken, dass es dann besonders
yin-betont ist. Das kann positiv sein: Frisches Gemüse aus dem
Garten – roh verzehrt – hat eine enorme Yin-Energie, die Sie der
Yang-Qualität des Sommers entgegensetzen können.

Gemüse zubereiten

Gekocht verliert das Gemüse ein
wenig von seiner Yin-Natur und
wird ein wenig »yangisiert«. Je länger man es kocht,
umso stärker yang wird es. Daher gehen Gemüse kaputt,
wenn sie zu lange gekocht werden. Sie verlieren ihre Yin-
Qualitäten und verkochen zu einer glitschigen, yang-betonten
Masse, die ihrer Natur nicht entspricht. Gemüse sollte daher nur
ganz leicht gedämpft werden, um die Yin-Energie zu bewahren.

HÜLSENFRÜCHTE

wie Erbsen, Bohnen und Linsen sind
Pflanzensamen. »Hülsenfrüchte« heißen
sie, weil diese Samen in einer Hülse, das
heißt im Dunkeln, heranreifen. Daher
sind sie yin, auch wenn sie über dem
Erdboden wachsen. Sie sind sehr
aromatisch und können frisch gegessen
werden. Natürlich können sie auch
getrocknete Erbsen oder Bohnen kaufen,
aber frisch sind sie am besten. Linsen
sind immer getrocknet und müssen
eingeweicht werden. Vielleicht versuchen
Sie es ja einmal mit dem Selbstanbau!

Ein Höchstmaß an Energie

Gemüse und Hülsenfrüchte strotzen nur so vor Energie. Und diese
Energie ist ausgesprochen yin. Zu viel rohe Kost ist daher nicht
gerade bekömmlich – weder für Sie noch für Ihre Verdauung. Das
Ch'i von Rohkost wirkt ausgesprochen kühlend. Manchmal nimmt
es uns den Kontakt zur Realität. Daher ist es besser, Gemüse leicht
gedämpft zu genießen, um die Yin-Qualitäten abzubauen und
ihnen ein wenig wärmendes Yang zuzuführen. Das erleichtert die
Verdauung und vermeidet Blähungen. In der yang-betonten Hitze
des Sommers allerdings isst man Gemüse und frische Erbsen oder
Möhren am besten roh in Salaten, weil sie dann ihre kühlende
Wirkung voll entfalten können. Reichen Sie ein wenig yang-
betontes Fleisch dazu, um einen Ausgleich zu schaffen. Kaltes,
gekochtes Fleisch ist nicht so sehr yang und passt daher gut.
Achten Sie auf erstklassige, frische Qualität.

Mach die
Menschen, die
dir nahe stehen,
glücklich und die
Menschen werden
von weit her
kommen und
deine Nähe
suchen.

Auflauf von Wurzelgemüse

Dieses Rezept kann jeweils mit dem frischesten Saisongemüse zubereitet werden.

Jahreszeit:
Winter

Kochzeit:
30–40
Minuten

900 g frisches
Wurzelgemüse, gemischt,
z.B. Karotten, Pastinaken,
Süßkartoffeln, Kohlrüben,
Steckrüben, Kartoffeln

3 Tassen (750 ml) Gemüse-
brühe (siehe Seite 55)

2 TL frische gehackte
Kräuter nach Jahreszeit, z.B.
Rosmarin, Thymian, Salbei

Salz und Pfeffer zum
Abschmecken

1. Das Gemüse schälen und in Würfel schneiden. In einen großen Topf geben und mit der Gemüsebrühe bedecken.
2. Zum Kochen bringen, dann bei schwacher Hitze und geschlossenem Deckel 25 Minuten lang köcheln lassen.
3. Die Kräuter unterrühren und weitere 5 Minuten simmern lassen.
4. Mit Salz und Pfeffer abschmecken und servieren.

Stew von Staudensellerie, Bohnen und Frühlingszwiebeln

Dieses köstliche Mahl bringt nach einem langen Winter alle Energie zurück. Es kann als Hauptgang oder Beilage serviert werden.

Jahreszeit:
Frühling

Kochzeit:
20–30
Minuten

3 EL Pflanzenöl

4 kleine »Herzen« vom
Staudensellerie, klein
geschnitten

225 g frische Bohnen

4 Bund Frühlingszwiebeln, fein
gehackt

1½ Tassen (350 ml) Weißwein

Salz und Pfeffer zum
Abschmecken

1. Das Öl in einer Topf erhitzen, den Staudensellerie zugeben und 5 Minuten andünsten, bis er weich ist.
2. Die restlichen Zutaten (bis auf Salz und Pfeffer) zugeben und zum Kochen bringen. Die Hitze zurücknehmen und bei geschlossenem Deckel 15 Minuten köcheln lassen.
3. Mit Salz und Pfeffer abschmecken und servieren.

Püree von Topinambur und Rosenkohl

Dieses wärmende Gericht serviert man am besten zum
Abendessen – als Beilage zu einem leckeren Braten.

Jahreszeit:
Winter

Kochzeit:
10–15
Minuten

750 g Topinambur

**750 g Rosenkohl,
geputzt**

2 EL (25 g) Butter

**1 TL frisch gemahlene
Muskatnuss**

**Salz und Pfeffer zum
Abschmecken**

**ein wenig Butter zum
Servieren**

1. Die Topinamburknollen schälen und klein
   schneiden. Mit dem Rosenkohl dämpfen, bis
   alles weich ist.
2. Das Gemüse in eine Schüssel geben, Butter
   und Muskatnuss zufügen und zu einem
   Püree stampfen.
3. Mit Salz und Pfeffer abschmecken und mit
   etwas Butter servieren.

Karotten in Orangensauce

Diese Beilage schmeckt am besten mit frischen, jungen Karotten. Außerdem bringt sie Farbe ins Spiel.

 **Jahreszeit**
Herbst

Kochzeit:
25–35
Minuten

450 g junge Karotten, mit
der Gemüsebürste geputzt
und in Scheiben geschnitten

1½ EL (20 g) Butter

3 EL Vollkornweizenmehl

Saft von 2 Orangen

2 EL süße Sahne

Salz und Pfeffer zum
Abschmecken

1. Die Karotten in einen Topf geben, mit Wasser bedecken und etwa 20 Minuten kochen, bis sie weich sind.

2. In der Zwischenzeit die Butter in einem Topf zum Schmelzen bringen und das Mehl einrühren. Vom Feuer nehmen, den Orangensaft und die Sahne zugießen. Dabei mit einem Schneebesen gut umrühren, damit keine Klümpchen entstehen.

3. Die gegarten Karotten abgießen, dabei eine ³/₄ Tasse (200 ml) Kochwasser aufbewahren. Das Kochwasser in die Orangensaft-Sahne-Mischung gießen und gut verrühren. Das Ganze langsam zum Kochen bringen und unter ständigem Rühren andicken lassen.

4. Die Sauce mit Salz und Pfeffer abschmecken, über die Karotten gießen und servieren.

Salat von Roter Bete

Dieses schnell zubereitete Gericht ist köstlich als Beilage und als Hauptgang.

vegetarisch

Jahreszeit:
Frühling

Zubereitung:
15–25
Minuten

450 g junge Rote Bete

2 EL Himbeeressig

¼ TL heller Honig

1 Knoblauchzehe, geschält
und mit der flachen Seite des
Messers zerdrückt

1 EL geriebener frischer
Meerrettich

knapp ½ Tasse (75 ml)
Walnussöl

2 EL Olivenöl

Salz und Pfeffer zum
Abschmecken

½ kleine rote Zwiebel,
geschält und in feine
Scheiben geschnitten

2 EL frischer Schnittlauch,
fein gewiegt

1. Die Rote Bete schälen und beiseite legen.

2. Essig, Honig, Knoblauch, Meerrettich und Öl verrühren. Mit Salz und Pfeffer abschmecken.

3. Die Roten Bete in Hälften schneiden und fein reiben. Das Dressing unterrühren. Zwiebeln und Schnittlauch zugeben. Etwa 1 Stunde kühl stellen und kalt servieren.

Gratin von Karotten und Pastinaken

Ein leckeres, heißes Gemüsegericht für kühle Herbsttage.
Es wärmt und nährt gleichzeitig.

vegan

Jahreszeit:
Herbst

Kochzeit:
30–40
Minuten
zuzüglich
Kühlzeit

450 g Karotten, geschält und in Scheiben geschnitten

450 g Pastinaken, geschält und in Scheiben geschnitten

2½ Tassen (600 ml) Gemüsebrühe (siehe Seite 55)

Salz und Pfeffer zum Abschmecken

1 Tasse (50 g) frische Semmelbrösel

Olivenöl (falls gewünscht)

frische, gehackte Petersilie zum Darüberstreuen

1. Die Karotten und die Pastinaken in einen großen Topf geben. Mit der Gemüsebrühe bedecken, mit Salz und Pfeffer würzen und zum Kochen bringen. Dann bei schwacher Hitze und geschlossenem Deckel etwa 20 Minuten köcheln lassen, bis das Gemüse weich und gar ist. Abgießen und abkühlen lassen.

2. Das Gemüse zu einem glatten Püree stampfen und in eine feuerfeste Form geben. Mit Semmelbrösel bestreuen und im Backofen (unter dem Grill) überbacken, bis die Oberfläche braun ist. Nach Wunsch mit etwas Olivenöl bestreichen.

3. Heiß und mit Petersilie garniert servieren.

Kürbis mit Ingwer

Heißer Ingwerkürbis nach getaner Gartenarbeit an einem kalten
Herbsttag – nichts wärmt besser.

vegetarisch

Jahreszeit:
Herbst

Kochzeit:
15–25
Minuten

1,4 kg Butternut-Kürbis (oder eine andere Art), von den Samen befreit, geschält und in Stücke geschnitten

100 g Butter

2 Tassen (100 g) frische Brotkrumen

2,5 cm frische Ingwerwurzel, geschält und in feine Scheiben geschnitten

2 Knoblauchzehen, geschält und mit der flachen Seite des Messers zerdrückt

⅓ Tasse (50 g) Pinienkerne

4 EL frische Petersilie, fein gehackt

Salz und Pfeffer zum Abschmecken

1. Die Kürbisstücke in kochendem Wasser etwa 15 Minuten kochen, bis sie gerade weich zu werden beginnen. Abgießen und warm stellen.

2. Die Butter in einer großen Pfanne schmelzen lassen. Brotkrumen, Ingwer, Knoblauch und Pinienkerne zugeben. Etwa 5 Minuten anrösten, bis die Brotkrumen goldbraun sind.

3. Die Petersilie unter die Brot-Mischung rühren. Mit Salz und Pfeffer abschmecken. Die Kürbisstücke unterheben und warm servieren.

陽

Ohne Reis kann auch die klügste Hausfrau nicht kochen.

Zucchinisalat

Als Beilage ist dieser Salat für vier Personen ausreichend, als Hauptgericht für zwei.

⬤ **Jahreszeit:**
Sommer

◑ **Kochzeit:**
1–5
Minuten
zuzüglich
Zeit fürs
Marinieren

4 Zucchini, geschält und in Würfel geschnitten

1 Zwiebel, geschält und fein gehackt

1 Knoblauchzehe, geschält und mit der flachen Seite des Messers zerdrückt

2 Tomaten, enthäutet und fein geschnitten

½ grüne Paprikaschote, von den Samen befreit und in feine Streifen geschnitten

2 EL Olivenöl

Saft von 1 Zitrone

1 TL Basilikum, fein gewiegt

Salz und Pfeffer zum Abschmecken

1. Die Zucchini in kochendem Wasser etwa 1 Minute blanchieren. Abgießen.
2. Die Zucchiniwürfel mit Zwiebeln, Knoblauch, Tomaten und Paprika mischen. Olivenöl, Zitronensaft und Basilikum darunter rühren und etwa 1 Stunde ziehen lassen.
3. Mit Salz und Pfeffer abschmecken und servieren.

Avocado-Erdbeer-Salat

Diese ungewöhnliche Kombination ergibt eine erfrischende, leichte Beilage für heiße Tage.

⬤ **Jahreszeit:**
Sommer

◑ **Zubereitung:**
10–20
Minuten

2 reife Avocados

12 Erdbeeren, ohne Stiele

Saft von 1 Zitrone

1. Die Avocados halbieren, entsteinen und schälen. Das Fleisch in Würfel schneiden.
2. Die Erdbeeren vierteln.
3. Avocadowürfel und Erdbeeren in eine Schüssel geben, mit Zitronensaft begießen und vermischen. Servieren.

Zur taoistischen Ernährung gehört täglich ein wenig rohes, frisches Gemüse.

Gefüllte Auberginen

Dieses leichte Sommergericht ist ideal für Veganer – und alle anderen Genießer.

vegan

🟠 **Jahreszeit:**
Sommer

🌙 **Kochzeit:**
1¹/₂–1³/₄
Stunden
zuzüglich
Zeit fürs
Kaltstellen

4 Auberginen

knapp 1 Tasse (200 ml) Olivenöl

450 g Zwiebeln, geschält und klein geschnitten

3 Knoblauchzehen, geschält und mit der flachen Seite des Messers zerdrückt

450 g frische Tomaten, enthäutet und klein geschnitten

4 EL frische Petersilie, fein gewiegt

Salz und Pfeffer zum Abschmecken

1 TL Zucker

2 TL Zitronensaft

gehackte Petersilie zum Garnieren

1. Die Auberginen der Länge nach aufschneiden und mit dem Löffel aushöhlen.

2. 3 Teelöffel (45 ml) Olivenöl in einer Pfanne erhitzen. Die Zwiebeln und den Knoblauch darin etwa 5–10 Minuten anbraten, bis die Zwiebeln glasig sind.

3. Tomaten, Petersilie und das Auberginenfleisch zugeben. Mit Salz und Pfeffer würzen und etwa 20–25 Minuten köcheln lassen, bis die Flüssigkeit um die Hälfte eingekocht ist.

4. Die Tomaten-Auberginen-Mischung in die ausgehöhlten Auberginenhälften füllen. In eine flache, feuerfeste Auflaufform geben. Den Ofen auf 150° C (Gas: Stufe 2) vorheizen.

5. Den Rest des Olivenöls mit Zucker, Zitronensaft und 150 ml Wasser (³/₄ Tasse) verrühren. Mit Salz und Pfeffer abschmecken und um die Auberginenhälften geben, um sie während des Backens feucht zu halten. Im Ofen etwa 1 Stunde garen.

6. Die fertigen Auberginen aus dem Backofen nehmen und etwa 1 Stunde abkühlen lassen. Danach noch 2 Stunden im Kühlschrank kalt stellen. Mit Petersilie garniert kalt servieren.

Cremige Limabohnen

Eine wohlschmeckende Beilage für Braten, die man natürlich – sogar kalt – auch als sommerliche Beilage servieren kann.

vegetarisch

Jahreszeit:
Sommer

Kochzeit:
25–35
Minuten

4 EL (50 g) Butter

2 Knoblauchzehen, geschält und gehackt

4 Schalotten, geschält und gehackt

450 g frische, junge Limabohnen, ohne Hülsen

⅔ Tasse (150 ml) Gemüsebrühe (siehe Seite 55)

knapp 1 Tasse (200 ml) Crème fraîche

2 EL Schnittlauch, fein gewiegt

2 EL Petersilie, fein gewiegt

geriebene Schale von 1 Zitrone

Salz und Pfeffer zum Abschmecken

1. Die Butter in einer Pfanne zum Schmelzen bringen. Knoblauch und Schalotten zugeben und etwa 5 Minuten andünsten.

2. Bohnen und Gemüsebrühe in der Pfanne zum Kochen bringen und bei geschlossenem Deckel 15 Minuten köcheln lassen, bis die Bohnen weich sind. Bohnen und Kochflüssigkeit getrennt beiseite stellen.

3. Die Flüssigkeit zusammen mit etwa 4 Esslöffeln Bohnen in einen Mixer geben. Zu einer glatten Paste pürieren. Nach und nach die Crème fraîche zugeben.

4. Die Sauce in die Pfanne geben. Bohnen und Kräuter einrühren, mit Zitronenschale bestreuen. Mit Salz und Pfeffer abschmecken und sachte erhitzen. Heiß servieren.

Gebackene Artischocken

Eine köstliche vegane Mahlzeit, die allein oder mit Reis gereicht werden kann. Sie können die Artischocken natürlich auch grillen statt sie im Ofen zu backen.

vegan

Jahreszeit:
Sommer

Kochzeit:
45–55
Minuten

4 große Artischocken

Zitronensaft

6 EL Olivenöl

Salz und Pfeffer zum Abschmecken

Zitronenschnitze zum Garnieren

1. Die Artischocken von ihren Stielen befreien. Einen großen Topf mit Wasser und ein wenig Zitronensaft zum Kochen bringen. Die Artischocken hineinlegen, so dass sie ganz bedeckt sind, und bei geschlossenem Deckel etwa 30 Minuten köcheln lassen, bis Sie ganz leicht ein Blatt abziehen können. Abgießen.

2. Den Backofen auf 200° C (Gas: Stufe 6) vorheizen.

3. Die Artischocken der Länge nach halbieren. Die Mitte herausschneiden und beiseite legen (wird nicht mehr gebraucht, ist aber äußerst schmackhaft).

4. Die Artischocken mit der Schnittseite nach oben auf ein Backblech legen. Ein wenig Olivenöl in die ausgehöhlte Mitte gießen und mit Salz und Pfeffer würzen. Im Backofen etwa 20 Minuten backen. Mit Zitronen-schnitzen garniert servieren.

陽

Der eine liebt
Karotten,
der andere
Blumenkohl.

Salat von jungen Kartoffeln

Aus jungen Kartoffeln gemacht, eignet sich dieses Gericht ideal als Beilage für fast jedes Sommermahl.

vegetarisch

Jahreszeit:
Sommer

Kochzeit:
10–15
Minuten
zuzüglich
Zeit fürs
Auskühlen

900 g kleine, junge Kartoffeln

4 EL griechischer Jogurt

4 EL frische Majonäse

4 EL mittelscharfer Senf

1 TL Zitronensaft

4 EL frischer Dill, gehackt

Salz und Pfeffer zum Abschmecken

1. Die neuen Kartoffeln mit der Gemüsebürste säubern und in Wasser etwa 10–15 Minuten kochen, bis sie weich sind.
2. In der Zwischenzeit alle anderen Zutaten vermischen, mit Salz und Pfeffer abschmecken.
3. Die Kartoffeln abgießen und etwa 5 Minuten abkühlen lassen.
4. Das Dressing über die Kartoffeln gießen und gut durchmischen. Noch warm servieren oder vollkommen auskühlen lassen.

ABWANDLUNGEN: Mischen Sie an Stelle von Dill nach Belieben andere Zutaten darunter: Schnittlauch, Frühlingszwiebeln, frische gehackte Kräuter oder Knoblauch.

Griechischer Salat

Ein traditionelles Rezept für griechischen Salat, der als Beilage oder Hauptmahlzeit serviert werden kann.

vegetarisch

Jahreszeit:
Sommer

Zubereitung:
15–25
Minuten

225 g Tomaten

½ große Gurke

100 g Feta (griechischer Schafskäse)

1 Zwiebel, geschält und in feine Scheiben geschnitten

½ Tasse (50 g) schwarze Oliven, entsteint

3 EL Olivenöl

1 EL Zitronensaft

2 EL frische Kräuter, fein gewiegt

1 Prise Zucker

Salz und Pfeffer zum Abschmecken

frische, gehackte Kräuter zum Garnieren

1. Die Tomaten vierteln, die Gurke in Scheiben und den Feta in Stücke schneiden.
2. Tomaten und Gurke zusammen mit den Zwiebelringen und den Oliven in eine Schüssel geben und gut durchmischen.
3. Aus Olivenöl, Zitronensaft, Kräutern, Zucker, Salz und Pfeffer ein Dressing mischen und über den Salat gießen.
4. Die Fetawürfel über den Salat streuen und mit frischen Kräutern garniert servieren.

Frischer Kräutersalat

Ein sehr leichter, stark yin-betonter Salat für einen heißen Tag. Vor allem für diejenigen unter uns geeignet, die gerne auf Wiesen nach Wildkräutern suchen.

vegetarisch

Jahreszeit:
Sommer

Zubereitung:
15–25
Minuten

8 große Hand voll frische Kräuter und essbare Blüten

1 TL heller Honig

2 EL Zitronensaft

2 EL Olivenöl

1 EL Walnussöl

Salz und Pfeffer zum Abschmecken

1. Ausreichend Blüten und Wildkräuter für 4 Personen putzen: Sauerampfer, Rauke (Rucola), Feldsalat, Kerbel, Löwenzahn, Pimpinelle, Veilchen-, Ringelblumen-, Kapuzinerkresse- und Borretschblüten etc.

2. Aus den restlichen Zutaten ein Dressing rühren.

3. Über den Salat gießen und kalt servieren.

Krautsalat mit Nüssen

Ein kühlender Yin-Salat als sommerliche Beilage. Eine köstliche Kombination aus Früchten, Nüssen und Salatzutaten.

vegetarisch

Jahreszeit:
Sommer

Zubereitung:
15–25 Minuten

2 Tassen (225 g) Weißkohl, fein geschnitten

3 Stangen Staudensellerie, in Stücke geschnitten

3 säuerliche Äpfel (Boskop), geschält, entkernt und dünn geschnitten

4 Frühlingszwiebeln, in Stücke geschnitten

¾ Tasse (50 g) Cashewkerne (oder andere Nüsse nach Wahl)

2 EL Petersilie, gehackt

⅔ Tasse (150 ml) frische Majonäse

2 EL griechischer Jogurt

Salz und Pfeffer zum Abschmecken

1. Alle Salatzutaten in einer großen Schüssel vermischen.
2. Majonäse und Jogurt verrühren, mit Salz und Pfeffer abschmecken und über den Salat geben. Gut durchmischen und kalt servieren.

Pastinaken mit Limette

Eine köstliche Winterbeilage zu allen Arten von Braten und anderen Fleischgerichten.

vegetarisch

Jahreszeit:
Winter

Kochzeit:
15–25 Minuten

750 g Pastinaken, geschält und der Länge nach in Scheiben geschnitten

1 Limette

4 EL (50 g) Butter

2 EL heller Vollrohrzucker (Muscovado)

einige Thymianzweiglein zum Garnieren

1. Die Pastinaken in ein Sieb oder Tuch geben und 5 Minuten lang in kochendem Wasser pochieren.
2. Die Schale von der Limette abtrennen und in sehr dünne Streifen schneiden. Danach die Limette halbieren und auspressen.
3. Die Butter mit dem Zucker in einem großen Topf zum Schmelzen bringen. Den Limettensaft zufügen und sanft erhitzen, bis der ganze Zucker sich aufgelöst hat.
4. Die Pastinaken abtropfen lassen und zur Limetten-Butter-Mischung geben. Bei mittlerer Hitze etwa 10 Minuten lang braten, bis sie goldbraun sind.
5. Auf eine Platte geben und mit Thymian und Limettenschale garniert heiß servieren.

Röstkartoffeln mit Rosmarin

Ein warmes, traditionelles Wintergericht, das zu jedem Fleischgericht als Beilage gereicht werden kann.

Jahreszeit:
Winter

Kochzeit:
1¾–2
Stunden

1 kg Kartoffeln

2 Rosmarinzweiglein

6 Knoblauchzehen, geschält

3 EL Olivenöl

**Salz und Pfeffer
zum Abschmecken**

1. Den Backofen auf 200° C (Gas: Stufe 6) vorheizen.
2. Die Kartoffeln schälen und achteln. Mit kaltem Wasser in einem großen Topf aufsetzen und zum Kochen bringen. Dann bei schwacher Hitze etwa 3 Minuten köcheln lassen. Die Kartoffeln abgießen und abkühlen lassen.
3. Die Nadeln von den Rosmarinzweigen zupfen. Die Kartoffeln auf ein tiefes Backblech geben und mit den Rosmarinnadeln bestreuen. Die Knoblauchzehen am Rand verteilen und dann das Ganze mit Öl beträufeln.
4. Im Ofen etwa 1½ Stunden braten. Dabei immer wieder wenden. Zum Schluss mit Salz und Pfeffer abschmecken und heiß servieren.

Gefüllte Paprikaschoten

Ein leckeres, veganes Frühlingsrezept, das als Hauptgericht und Beilage gleichermaßen serviert werden kann.

Jahreszeit:
Frühling

Kochzeit:
55–65
Minuten
zuzüglich
Zeit fürs
Kühlstellen

4 rote Paprikaschoten

**ein wenig Öl zum
Bestreichen**

**¾ Tasse (175 g) Langkorn-
Naturreis**

8 Tomaten

**8 Frühlingszwiebeln, fein
gehackt**

**4 schwarze Oliven, entsteint
und gehackt**

6 EL Olivenöl

2 EL Weißweinessig

**1 große Knoblauchzehe,
geschält und mit der
flachen Seite des
Messers zerdrückt**

**Salz und Pfeffer zum
Abschmecken**

1. Den Backofen auf 220° C (Gas: Stufe 6) vorheizen.
2. Die Paprikaschoten mit Öl bestreichen, auf ein Backblech legen und im Ofen 15 Minuten braten. Abkühlen lassen. Den abgekühlten Paprika der Länge nach halbieren und von Kernen und weißen Hautteilen befreien.
3. Den Reis 40 Minuten lang weich kochen. Abgießen und mit kaltem Wasser spülen.
4. Die Tomaten klein schneiden und unter den Reis mischen. Frühlingszwiebeln und Oliven darunter heben.
5. Aus Olivenöl, Essig, Knoblauch, Salz und Pfeffer ein Dressing rühren und unter den Reis ziehen.
6. Die Reismischung in die Paprikahälften geben und auf Tellern anrichten. Vor dem Servieren im Kühlschrank 30 Minuten kaltstellen.

> Tu niemals etwas im Stehen, was du im Sitzen erledigen kannst. Erledige niemals etwas sitzend, was du im Liegen tun kannst.

DAS TAO VON SÜSSSPEISEN UND DESSERTS

Süßspeisen und Desserts

Man reicht Desserts am Ende der Mahlzeit, um den Gaumen zu klären und alles, was an Yang-Energie im Mund noch übrig ist, mit einem Hauch von Yin auszugleichen.

Yin-Energie in Süßspeisen

Süßspeisen und Desserts sind stark yin, denn – wie der Name bereits sagt – sind sie gewöhnlich gesüßt oder bestehen aus Früchten. Süßes am Ende der Mahlzeit befriedigt unseren Gaumen. Zwischen den Gängen oder Mahlzeiten allerdings verdirbt es den Appetit. Das Essen zwischen den Mahlzeiten ist ein ziemlich sicherer Weg, Gewicht zuzulegen, da unser Verdauungssystem nun keine Möglichkeit mehr hat, zur Ruhe zu kommen, und wir selbst niemals Hunger verspüren.

Denken Sie an den Pfirsich!

Ein frisch vom Baum gepflückter Pfirsich – noch warm von der Yang-Energie des Sonnenscheins – ist vielleicht das vollkommenste Dessert überhaupt. Doch jede Art von Frucht erfrischt am Ende der Mahlzeit. Außerdem trägt die Fruchtsäure zur Mundhygiene bei. Versuchen Sie also auch bei Süßspeisen, alles so einfach wie möglich zu halten.

Wann isst man Süßspeisen?

Ein warmes, süßes Gericht im Winter wärmt unseren Magen und produziert so die gewünschte innere Yang-Wärme. Im Sommer hingegen sind Süßspeisen kalt am besten, da sie uns das ersehnte kühle Yin schenken.

Selbstverständlich brauchen Sie in kühlem Klima mehr warme Nahrung als in warmen Gegenden. Warme Süßspeisen sollten aus frischen Früchten gemacht werden. Waschen und putzen Sie das Obst, dämpfen Sie es ganz kurz und servieren Sie es mit frischer Sahne oder Jogurt. Süßmittel sind meist gar nicht nötig, da unsere Süßspeisen ja nicht zu sehr yin werden sollen.

Benutzen Sie so wenig Mehl als möglich. Obwohl Weizen ein ausgewogenes Yin-Yang-Verhältnis aufweist, kann er doch die ursprüngliche Yin-Qualität der Früchte reduzieren. Wenn es irgend geht, sollten Sie Eiscreme selbst machen. Falls Sie welche kaufen müssen, achten Sie auf gute Qualität. Eiskrem sollte hauptsächlich aus Sahne und nicht aus pflanzlichen Fetten bestehen. An einem heißen Sommertag gibt es nichts Besseres als Fruchtsorbets, die man mit vielen frischen Früchten und Unmengen von Eis leicht selbst herstellen kann.

Essen Sie so viel frisches Obst wie möglich. Servieren Sie es hübsch garniert als appetitliches Dessert.

Brombeer-Hafermehl-Creme

Die Brombeeren werden am besten erst kurz vor dem Zubereiten der Creme gepflückt.

● Jahreszeit:
Herbst

⏱ Zubereitung:
10–15
Minuten

½ Tasse (50 g) grobes Hafermehl

2 Tassen (400 ml) frische süße Sahne

½ Tasse (100 ml) Crème fraîche

¼ Tasse (50 g) extra feiner Zucker

1 Tasse (100 g) frische Brombeeren

1. Das Hafermehl in einen Topf geben und bei großer Hitze etwa 1 Minute rösten, bis es kross ist.
2. Die Sahne steif schlagen, dann die Crème fraîche, den Zucker, das Hafermehl und den Großteil der Brombeeren darunter ziehen.
3. Mit den verbleibenden Brombeeren garnieren und servieren.

Pochierte Aprikosen mit Birnen

Eine exzellente herbstliche Süßspeise, die nach einem leichten Mittagessen serviert werden sollte, da sie recht nahrhaft ist.

● Jahreszeit:
Herbst

⏱ Zubereitung:
15–20
Minuten

2 EL (25 g) Butter

2 EL weicher Vollrohrzucker (Rapadura)

1 EL Zitronensaft

750 g Aprikosen, entsteint

750 g reife Birnen, geschält und ohne Kerngehäuse

1 EL Weinbrand

1. Butter, Zucker und Zitronensaft mit ⅔ Tasse (150 ml) Wasser in einen Topf geben. Langsam erhitzen, um den Zucker aufzulösen.
2. Die Aprikosen in Viertel und die Birnen in größere Stücke schneiden.
3. Den Sirup über die Früchte gießen, das Ganze zurück in den Topf geben und etwa 10 Minuten lang erhitzen, bis die Birnen weich geworden sind.
4. Den Weinbrand unterrühren und heiß servieren.

Reisauflauf mit Honig

Diese ausgesprochen nahrhafte Süßspeise ist ideal für einen kalten Herbsttag. Wie viel auch immer Sie zubereiten, es wird niemals genug sein.

Jahreszeit:
Herbst

Kochzeit:
2½–3 Stunden

2½ Tassen (300 ml) Milch

1¼ Tassen (300 ml) süße Sahne

⅓ Tasse (75 g) Rundkornreis

2 EL (25 g) Butter

2 EL Puderzucker

¼ TL geriebene Muskatnuss

¼ TL Zimt, gemahlen

⅓ Tasse (50 g) Mandelblättchen

3 EL heller Honig

1 EL Zitronensaft

1. Den Backofen auf 150° C (Gas: Stufe 2) vorheizen.

2. Alle Zutaten bis auf Zitronensaft, Nüsse und Honig miteinander verrühren und in eine feuerfeste Auflaufform geben. Etwa 2½–3 Stunden garen, bis die Oberfläche hellbraun ist.

3. Die Mandelblättchen über den Auflauf streuen. Honig und Zitronensaft miteinander verrühren und darüber gießen.

4. Unter den Backofen-Grill schieben, bis die ganze Oberfläche goldbraun strahlt. Heiß oder kalt servieren.

> Verwende dieselbe Sorgfalt auf die Wahl deiner Freuden wie auf die Vermeidung von Kümmernissen.

Flambierte Ananas

Ein ungewöhnliches und köstliches Dessert. Ideal im Frühling, wo uns seine exotische Note den Winter vergessen lässt.

Jahreszeit:
Frühling

Kochzeit:
45–55
Minuten

1 große Ananas von etwa 900 g

2 EL heller Honig

6 EL Weinbrand

Sahne zum Servieren

1. Den Backofen auf 190° C (Gas: Stufe 5) vorheizen.

2. Die Ananas von den Blättern befreien und der Länge nach in Viertel schneiden. Das Fleisch von der Schale trennen und darin ruhen lassen. Das Fruchtfleisch quer in mundgerechte Stücke durchschneiden.

3. Die Ananasviertel in eine feuerfeste Auflaufform geben und den Honig darüber träufeln. Im Backofen etwa 45 Minuten lang backen, dabei hin und wieder mit dem Honig aus der Form übergießen.

4. Den Weinbrand vorsichtig in einem Topf erhitzen, über die Ananasviertel gießen und anzünden. Sobald die Flammen erlöschen, den Saft darüber gießen und heiß mit geschlagener Sahne servieren.

Englischer Karamellpudding

Hier wird mal über die Stränge geschlagen – etwas für Naschkatzen.

Jahreszeit:
Winter

🕐 **Kochzeit:**
55–65
Minuten

150 g weiche Butter plus 2 EL extra

¾ Tasse (175 g) heller Vollrohrzucker

1¼ Tassen (300 ml) süße Sahne

1 Ei

1¼ Tassen (125 g) Mehl

½ TL Backpulver

½ Tasse (50 g) Walnüsse

1. Den Backofen auf 180° C (Gas: Stufe 4) vorheizen. Eine tiefe Backform einfetten.
2. Die Hälfte der Butter und ½ Tasse (100 Gramm) Zucker mit der Sahne in einem Topf erwärmen. Etwa 3 Minuten lang aufkochen lassen. Von der Mischung so viel in die Backform geben, dass der Boden bedeckt ist.
3. Das Ei schlagen. Den restlichen Zucker und die Butter darunter rühren, bis die Mischung schaumig ist. Dann Mehl, Backpulver und Nüsse unterrühren. Die Masse in die Form geben und im Ofen etwa 50 Minuten backen, bis er fest zu werden beginnt.
4. Den Pudding auf einen großen Teller stürzen. Den Rest der Karamellsauce erwärmen und vor dem Servieren über den Pudding gießen.

Apfel-Leckerei mit Croûtons

Ein traditioneller englischer Nachtisch, den die Kinder – und nicht nur sie – im Herbst lieben.

Jahreszeit:
Herbst

🕐 **Zubereitung:**
10–20
Minuten

1 großer Apfel, geschält, entkernt und geachtelt

1 kleiner Kochapfel (Boskop), geschält, entkernt und geachtelt

¼ Tasse (50 g) Vollrohrzucker (Demerara)

4 EL (50 g) Butter

Saft von ½ Zitrone

2 Scheiben Vollkornbrot, in Würfel geschnitten

4 EL süße Sahne, steif geschlagen

1. Die Apfelstücke mit Zucker bestreuen. Die Hälfte der Butter in einer Pfanne zum Schmelzen bringen, die Äpfel hineingeben und kurz anbraten, bis sie weich sind. Auf eine Servierplatte legen, mit Zitronensaft beträufeln und warm stellen.
2. Die restliche Butter in der Pfanne schmelzen lassen. Die Brotwürfel zugeben und anrösten, bis sie braun und kross sind.
3. Äpfel und Brotwürfel gut mischen. Heiß mit etwas geschlagener Sahne servieren.

Gebackene Bananen

Eine einfache, aber köstliche Süßspeise für den Winter.
Wunderbar für Menschen, die leicht frieren.

Jahreszeit:
Winter

Zubereitung:
40–50
Minuten

4 EL (50 g) Butter

2 EL heller, weicher
Vollrohrzucker

2 EL Zitronensaft

4 Bananen

2 EL Weinbrand

geschlagene Sahne zum
Servieren

1. Den Backofen auf 180° C (Gas: Stufe 4)
   vorheizen.
2. Butter, Zucker und Zitronensaft in eine
   Auflaufform geben. Ein paar Minuten in den
   Backofen stellen, bis alles geschmolzen ist.
3. Die Bananen schälen und der Länge nach
   durchschneiden. In die Auflaufform geben
   und gut mit der Flüssigkeit beträufeln. Den
   Weinbrand zugeben und die Form schließen.
   In den Backofen stellen und etwa 30
   Minuten lang garen.
4. Heiß mit geschlagener Sahne servieren.

Fruchtsalat

Eine leckere Yin-Süßspeise voller Vitamine und Wohlgeschmack,
eine durch und durch vegane Delikatesse.

vegan

Jahreszeit:
Sommer

Kochzeit:
5 Minuten
zuzüglich
Zeit fürs
Kaltstellen

2 EL Vollrohrzucker

Saft und Schale von 1 Zitrone

1 großer Dessertapfel (Red oder
Golden Delicious), entkernt und
geviertelt

1 große Birne, geschält,
entkernt und geviertelt

1 Banane, geschält

1 kleine Ananas

2 Orangen

100 g grüne Weintrauben

100 g Erdbeeren, geputzt und in
Scheiben geschnitten

1. Zucker und Zitronenschale zusammen mit
   ½ Tasse (90 ml) Wasser in einen kleinen
   Topf geben und zum Kochen bringen. Bei
   schwacher Hitze etwa 2 Minuten lang
   köcheln lassen. Abgießen und auskühlen
   lassen. Dann den Zitronensaft darunter
   mischen.
2. Apfel, Birne und Banane in Scheiben
   schneiden und in eine große Schüssel
   geben. Den Sirup darüber gießen und gut
   verrühren.
3. Die Ananas schälen und das Fleisch in
   Stücke schneiden. Die Orangen schälen
   und in Stücke schneiden.
4. Ananas, Orangenstücke, Trauben und
   Erdbeeren in die Schüssel geben und
   unterheben. Die Portionen in Schalen
   abfüllen und im Kühlschrank kalt stellen.
   Kalt servieren.

Rotes Beerenkompott

Eine schnelle und einfache Sommersüßspeise. Ideal für ein Picknick oder ein elegantes Dinner im Garten.

 **Jahreszeit:**
Sommer

Kochzeit:
5–10
Minuten
zuzüglich
Zeit fürs
Kaltstellen

¼ Tasse (50 g) weicher
Vollrohrzucker

1 Tasse (225 g) schwarze
Johannisbeeren

450 g rote Johannisbeeren

Schale und Saft einer Orange

2 EL heller Honig

350 g Erdbeeren

1. Den Zucker mit ²/₃ Tasse (150 ml) Wasser in einen kleinen Topf geben und erwärmen, bis der Zucker geschmolzen ist. Zum Kochen bringen und etwa 1 Minute lang sprudelnd kochen lassen.

2. Die Johannisbeeren sowie die Orangenschale zugeben und 1 Minute köcheln lassen, bis die Früchte weich sind. Vom Feuer nehmen und den Honig unterrühren. Abkühlen lassen.

3. Den Orangensaft unter die abgekühlten Beeren mischen und das Ganze in eine Servierschüssel geben. Zudecken und gut kühlen.

4. Kurz vor dem Servieren die Erdbeeren in dünne Scheiben schneiden und unter die Fruchtmischung ziehen.

Wenn du nur noch zwei Münzen hast, kauf mit einer einen Laib Brot, mit der anderen eine Lilie.

SAUCEN

Saucen sollten leicht sein, so dass sie ein Gericht ergänzen statt es »zuzudecken«. Die meisten Saucen sind auf Grund ihrer Zutaten eher yin. Saucen mit Käse und Ei hingegen sind stärker yang, weil sie aus tierischen Zutaten bestehen.

Wann braucht man Saucen?

Wenn Sie stark yang-betonte Fleischgerichte servieren, balanciert eine Yin-Sauce die Energie wieder aus. Fruchtsaucen beispielsweise sind fast immer yin und passen gut zu solchen Gerichten. Ei- oder Käsesaucen wären viel zu schwer. Diese passen besser zu yin-betontem Gemüse, zum Beispiel zu Blumenkohl.

Pikant gewürzte Saucen

Heiße, kräftig gewürzte Saucen gleichen zu starkes Yang aus. Nehmen Sie eine Béchamelsauce als Grundlage und würzen Sie diese nach Belieben mit verschiedenen Kräutern.

Sollten Sie beim Kochen einmal nicht sicher sein, ob Sie eine Sauce brauchen, dann fragen Sie sich: »Was bringt eine Sauce diesem Gericht?« Wenn Sie eine Sauce brauchen, um dem Ganzen Geschmack zu geben, dann sollten Sie sich fragen, wo der Geschmack Ihrer Grundzutaten hingekommen ist? Saucen sind dazu gedacht, den Geschmack des Mahls zu unterstreichen. Das Gericht sollte nicht auf sie ausgerichtet werden. Sie sollten so leicht sein, dass man sie kaum bemerkt, und jedes Ungleichgewicht zwischen Yin und Yang ausgleichen.

Fertigsaucen sollten Sie vermeiden, vor allem fertige Tomatensauce. Diese enthält meist zu viel Zucker. Wenn Sie Tomatensauce essen möchten, machen Sie sie am besten selbst. Dann wissen Sie wenigstens, dass sie frisch ist.

In der klassischen Sauce Hollandaise liegen Yin und Yang übrigens in einem sehr ausgewogenen Verhältnis von. Der Essig gleicht das starke Yang von Eiern und Butter aus. Daher kann man sie zu fast allen Gerichten reichen, von Fisch über Spargel hin zu Lamm oder Brokkoli. Wenn die Sauce Hollandaise einen Hauch mehr Yang enthalten soll, nehmen Sie statt des Essigs Zitronensaft. Ein Dressing ist eigentlich keine richtige Sauce. Man isst es in erster Linie zu Salaten. Normalerweise sind Dressings eher yin, weil sie Essig enthalten. Auch hier können Sie das Verhältnis in Richtung Yang verschieben, wenn Sie stattdessen Zitronensaft benutzen. Reichen Sie Saucen und Dressings in besonderen Gefäßen, so dass jeder Ihrer Gäste sich selbst bedienen kann. Auf diese Weise können sie selbst entscheiden, ob und wie viel sie davon nehmen.

Für Saucen brauchen Sie viele verschiedene Zutaten. Sie sind zwar etwas knifflig in der Herstellung, aber eine hausgemachte Sauce ist den Fertigprodukten aus dem Laden in jeder Hinsicht überlegen – sie ist einfach delikat.

ÖL

Es gibt eigentlich nur ein wirklich gutes Öl zum Kochen und
Braten: Olivenöl. Es ist vielseitig, praktisch, gesund und
aromareich. Sie können es zum Kochen ebenso benutzen wie für
Dressings. Und als Körperöl hält es Ihre Haut glatt und faltenfrei.

Welches Olivenöl?

Der Begriff »Olivenöl« ist etwa so vage wie »Wein«. Bevor Sie also
ein Öl wählen können, müssen Sie ein wenig mehr darüber wissen.
In Europa werden mindestens 700 Sorten Olivenbäume *(Olea
europaea)* angebaut und jede hat ihre eigene Frucht. Die besten
Ölproduzenten mischen ihre Oliven, um einen ganz bestimmten
Geschmack zu erzeugen. Doch nicht einmal die Marke ist ein
verlässliches Merkmal, denn die Witterung beeinflusst auch die
Früchte aus ganz bestimmten Anbaugebieten, so dass die Oliven
von Monat zu Monat anders schmecken können. Sogar die Lager-
bedingungen der Früchte beeinflussen den Geschmack des Öls.

Frisch gepresstes Öl

Olivenöl sollte so frisch wie möglich erstanden werden, denn anders als Wein verliert es stark durch zu lange Lagerung. Und es kann nicht im Kühlschrank aufbewahrt werden, denn dort büßt es seinen Geschmack ein. Die Angaben »Erste Pressung« und »Kaltpressung« weisen darauf hin, dass das Öl frisch gepresst ist. Es wird oft auch als *vergine* oder *extra vergine* bezeichnet. Letzteres ist von höchster Qualität.

Öl aus zweiter Pressung wird aus Oliven gewonnen, die für ein Extra-vergine-Öl schon einmal ausgepresst wurden. Meist wird diesem Produkt noch etwas qualitativ hochwertigeres Öl zugesetzt, um seinen Geschmack zu verbessern. Öl aus zweiter Pressung wird häufig unter der Bezeichnung »reines Olivenöl« verkauft. Seine Qualität ist nicht ganz so gut. Es kann aber gut zum Kochen verwendet werden.

Olivenbäume

Olivenöl tut uns gut und versorgt uns mit all der positiven Energie, die wir brauchen. Die Früchte kommen von einem stark yin-betonten Baum. Der Olivenbaum braucht lange, bis er Frucht trägt. Seine Zweige gelten international als Symbol des Friedens. Nur wenn genügend Zeit, Wärme und Sonnenschein vorhanden sind, um die Oliven zum Reifen zu bringen, kehrt durch den Genuss des Öls Frieden in uns ein.

Andere Öle

Wenn Sie Olivenöl nicht mögen, können Sie auf Sonnenblumenöl oder Walnussöl ausweichen. Beide sind leicht. Daher können sie sowohl zum Braten als auch in Dressings verwendet werden.

Sei rein
wie die Orange,
dann wirst du
ewig leben.

GEWÜRZE

Gewürzpflanzen sind eigentlich eher yin, aber je aromatischer sie sind, umso stärker yang werden sie. Und süße Gewürze sind stärker yin. So enthalten Chilischoten viel Yang, während Süßholz (Lakritze) mehr yin ist. Yin-Gewürze sollten für kühlende Yin-Gerichte verwendet werden, Yang-Gewürze für wärmende Yang-Mahlzeiten.

Der Mythos von den Gewürzen

Wenn es um Gewürze geht, hört man immer wieder, dass sie ursprünglich dazu gedient haben sollen, den unangenehmen Geschmack von nicht mehr ganz frischem Fleisch zu überdecken. Das stimmt nicht. Gewürze werden schon verwendet, seit der Mensch seine Mahlzeiten kocht. Sie bringen Aufregung, Geschmack, Vielfalt und Aroma in unsere Nahrung. Konfuzius sagte, dass Nahrung ohne Würze keine sei.

Die Wahl der Gewürze ist eine Geschmacksfrage. Versuchen Sie einmal, Ihre Mahlzeiten immer nur mit je einem Gewürz zu verfeinern, um dessen Geschmack voll auszukosten. Leider verderben die meisten Köche ihre Gerichte durch viel zu viele Gewürze, die einander dann überlagern und am Gaumen einen undefinierbaren Eindruck hinterlassen. Seien Sie ruhig etwas wählerisch: Ihre Gäste werden die ausgesuchten Gewürze schätzen, auch wenn Sie sie nicht damit überschwemmen.

Wärmende Yang-Gewürze

Einige Gewürze sind wirklich ziemlich scharf. Ihr wärmendes Yang kann uns regelrecht überschwemmen. Man sollte daher niemanden zwingen, zu scharf gewürzte Gerichte zu verzehren. Lassen Sie also Vorsicht walten, wenn Sie mit den schärferen Gewürzen arbeiten.

Kühlende Yin-Gewürze

Süß schmeckende Gewürze wie Vanille, Süßholz und Muskatnuss machen sich gut in sommerlichen Desserts. Aber auch hier sollten Sie mit leichter Hand vorgehen und das Gericht nicht mit der Würze überfluten. Ein zarter Hauch ist gerade richtig.

Werden Yin-Gewürze erhitzt, so ändern sie ihre Natur in Yang. Zimt beispielsweise wirkt – in Glühwein getrunken – eher yang, so dass er als optimales Mittel gegen Erkältungen eingesetzt werden kann.

Genauso werden gekühlte Yang-Gewürze yin. Curry in kalten Eier- oder Reisgerichten wirkt daher im Sommer recht erfrischend, vor allem, wenn man sie zu einem Picknick im Freien verzehrt.

Süßholzwurzel

Cayennepfeffer

Paprika

Gewürznelke

Muskatnuss

Zimtstange

Koriander

Kreuzkümmel

Sternanis

schwarzer

weißer

grüner

Vanilleschote

Pfeffer

Wacholderbeeren

GETRÄNKE

Jede Flüssigkeit ist von Natur aus yin. Das gilt auch für unsere Getränke. Wasser ist am stärksten yin-betont. Daher ist es vielleicht das Beste, was wir trinken können. Da wir aber auch zum Vergnügen trinken und Lust am Geschmack haben, sollten wir trinken, wonach uns gelüstet – vorausgesetzt, dass uns das Getränk nicht schadet.

Alkohol

Alkohol ist sehr stark yin. Wenn wir zu viel davon trinken, wird unsere Energiebilanz zu sehr in Richtung Yin verschoben. Aus diesem Grund werden wir betrunken. Menschen, die viel Alkohol trinken, bevorzugen meist stark yang-betonte Nahrungsmittel wie Salzkräcker oder gesalzene Erdnüsse, um dieses Yin auszugleichen. Spirituosen sind stärker yang als Wein, da letzterer aus Früchten gemacht wird. Weißer Wein wiederum ist stärker yang als roter.

Kaffee und Tee

Beides ist sehr yin-betont. Wenn Sie zu viel davon trinken, kann das schädlich wirken. Sie können den Yin-Charakter allerdings durch Zugabe von Milch (Yang) vermindern.

Fruchtsäfte

Fruchtsäfte sind sehr yin. Normalerweise reicht man sie zum Frühstück, um ein stark yang-betontes Frühstück, zum Beispiel mit Eiern und Speck, auszugleichen. Heute neigt man ohnehin zu einem yin-betonteren Frühstück aus Müsli oder sonstigen Flocken. Trotzdem wird der Fruchtsaft weiter getrunken. Dann kommt – lange vor dem Mittagessen – der Hunger bald wieder, denn unser Körper versucht, den übermäßigen Yin-Genuss durch Appetit auf ein wenig Yang auszugleichen.

Heiße und kalte Getränke

Heiße Getränke sind tendenziell eher yang. Daher trinken wir im Winter so gerne Glühwein, Suppen und heiße Schokolade, um uns aufzuwärmen und die Kälte zu vertreiben. Sprudelnde Getränke sind stärker yang als »stille«. Und je süßer ein Getränk, umso mehr yin ist es.

Das Gleichgewicht suchen

Wie in allen Dingen, so sollten wir auch hier nach Ausgeglichenheit streben. Zu viel Flüssigkeit bringt viel Yin-Energie, zu wenig hingegen mehr Yang.

Daher sollten Sie versuchen, Ihren Gästen diese Energien in einem ausgewogenen Verhältnis anzubieten: Servieren Sie Yang-Getränke wie weißen Wein zu Yin-Gerichten wie Fisch und Gemüse. Und reichen Sie Yin-Getränke wie Rotwein zu Yang-Mahlzeiten, beispielsweise mit rotem Fleisch. Es ist Tradition, nach einer Süßspeise (yin) am Ende der Mahlzeit ein Yang-Getränk wie Brandy zu reichen.

Bist du eins mit der Natur, teilt sie ihre Früchte mit dir.

Das Tao der Ernährung und des Glücks

Wir alle möchten glücklich sein und unser Leben auf die beste Art leben. Unsere Ernährung kann nun unsere Suche nach Glück durchaus unterstützen. Wir essen, um gesund zu bleiben und lang zu leben. Auf diese Weise stehen wir in Einklang mit uns selbst und dem Tao. Da wir sind, was wir essen, macht es durchaus Sinn, uns nach den Prinzipien des Tao zu ernähren. Dadurch findet die Weisheit derer, die vor uns gelebt haben, Eingang in unser Leben, und wir begreifen, was Essen und Glück miteinander zu tun haben.

Die Prinzipien des Tao achten

Was wir essen, versorgt uns mit Energie – Ch'i. Diese Energie schenkt uns Kraft und Leben. Sie sollte also so lebendig und gesund wie möglich sein. Wenn wir tote Energie zu uns nehmen, fühlen wir uns träge und schlapp. Leisten Sie sich daher möglichst frische Zutaten. Je weiter entfernt ein Nahrungsmittel von seinem natürlichen Zustand ist, desto weniger Energie kann es uns geben. Ein Grund mehr, es zu meiden.

Das Tao verstehen

In allen Dingen steckt Bewegung, steckt ein Muster. Essen Sie kalte Nahrung im Sommer und warme im Winter. Essen Sie wenig, wenn Sie sich wenig bewegen, und viel, wenn Sie körperlich hart arbeiten. Vermeiden Sie Extreme wie stark gewürzte, sehr süße oder stark fleischbetonte Nahrung. Suchen Sie nach Ausgewogenheit in der Ernährung, so dass Sie Yin- und Yang-Energie gleichermaßen zu sich nehmen. Sollten Sie allerdings stärker yin-betont sein, gleichen Sie dies mit Yang-Ernährung aus. Ist Ihre Energie mehr yang, dann wenden Sie sich Yin-Nahrungsmitteln zu.

Verantwortlich sein

Verschwenden Sie »Lebens-Mittel« nicht. Essen Sie nicht mehr, als gut für Sie ist und als Sie wirklich wollen. Wenn Sie einen Garten haben, sollten Sie so viele Nahrungsmittel wie möglich selbst anbauen. Seien Sie wählerisch bei Fleisch. Achten Sie darauf, wie die Tiere gehalten wurden und welchen Weg das Fleisch nimmt, bevor es auf Ihren Tisch kommt. Wenn Sie einen Garten planen, denken Sie an Obstbäume und ein Gemüsebeet. So haben Sie immer frische Nahrung im Haus.

Yin und Yang

In allem, was uns umgibt, sind diese beiden Energien – Yin und Yang – vorhanden. Vielleicht sehen wir sie nicht, aber sie sind immer da. Je komfortabler wir leben, desto mehr finanzielle Mittel brauchen wir, um die Folgen der Umweltverschmutzung wieder zu beseitigen. Je mehr wir uns auf die moderne Medizin verlassen, umso abhängiger werden wir von immer stärkeren Medikamenten. Und je schneller unsere Nahrung zubereitet wird, umso mehr Krankheiten erleiden wir, weil wir uns so armselig ernähren.

Etwas zurückgeben

Säen auch Sie immer etwas, aus dem andere ihren Nutzen ziehen. Das kann ein Apfelkern sein, der sich zu einem Baum auswächst und anderen seine Früchte schenkt. Das kann aber auch eine Idee sein, die andere anregt. Oder Ihre strahlende Gesundheit, die andere bewegt, etwas für ihr Wohlergehen zu tun.

Index